Jean-Daniel ROHRER

3.90

Cachez ces momies...

Le Caire (Reuter). – Le président Anouar Sadate a donné mercredi à entendre que dans un avenir proche, les momies pharaoniques exposées dans les musées d'Egypte ne seront plus exposées au public.

Le chef de l'Etat, qui s'est prononcé pour une nouvelle inhumation de ces momies, a déclaré à l'occasion de la Fête de la culture : «Je suis en total désaccord avec la façon dont les momies des pharaons d'Egypte sont montrées au public (...), c'est contraire à nos convictions religieuses» a-t-il ajouté en faisant allusion aux trois grandes religions monothéistes.

Du temps des pharaons, les Egyptiens momifiaient leurs morts en croyant que leurs âmes reviendraient un jour sur terre.

Sadate veut rendre les momies à leurs tombes

Le président Anouar el-Sadate a suggéré, mercredi, que soie rendues à leurs tombes les momies de l'Egypte pharaoniq étant donné que leur exposition à la curiosité du public e « incompatible avec nos croyances ».

« Il m'est impossible d'admettre, a déclaré le chef de l'Etat égyptien, que les vestiges des pharaons demeurent exposés car cela est contraire à nos préceptes religieux — ceux de l'islam, de la chrétienté et du judaïsme. » Le président Sadate, qui prononçait une allocution à l'occasion d'une réunion culturelle, a déclaré à son auditoire : « Je voudrais que vous vous penchiez sur problème qui me préoccupe. » 1976, il avait accepté d'envoyer France la momie de Ramsès II, u des plus célèbres parmi celles l'Egypte antique (vieille de 32 ans), afin de lui faire subir traitement destiné à la préserv d'une détérioration rapide. — (a

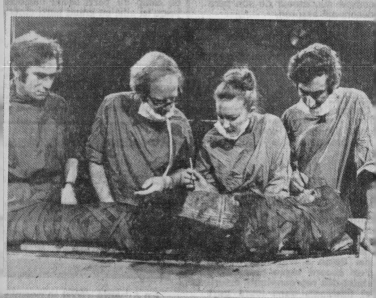

Plus de momies en vitrine ou étudiées par des spécialistes.

LE MONDE ETRANGE DES MOMIES

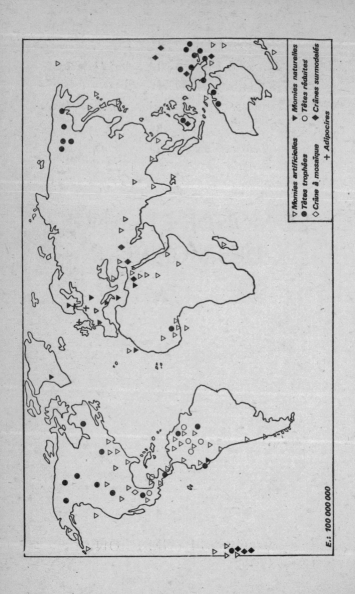

Légende:

▽ Momies artificielles ▼ Momies naturelles
● Têtes trophées ○ Têtes réduites
◇ Crâne à mosaïque ◆ Crânes surmodelés
+ Adipocires

E.: 100 000 000

Léon DEROBERT
Professeur à l'université René Descartes
Henri REICHLEN
Maître de Recherche au C.N.R.S.
Jean-Pierre CAMPANA
Assistant à l'université René Descartes

LE MONDE ETRANGE DES MOMIES

EDITIONS PYGMALION

© Editions Pygmalion, 1975
ISBN 2-266-00911-7

AVERTISSEMENT

Ce livre sur les momies n'est pas une œuvre d'érudition. La matière a été si abondante que nous avons dû procéder à une sélection, nécessairement arbitraire. D'autre part, nous nous sommes refusés à l'alourdir de références bibliographiques ou de discussions de spécialistes. Nous n'avons voulu que proposer un voyage à travers les espaces et les siècles lointains, dans une des plus curieuses galeries de la nécropole humaine, soulevant à peine et avec une extrême prudence le voile hypothétique de la circumnavigation autour du globe terrestre aux temps les plus reculés. Voyage immobile, certes, et mélancolique, mais voyage au fond de soi et qui entraîne à de singulières méditations.

A travers les siècles, sur toute la surface du globe, partout et en tous temps, l'Homme a laissé les vestiges de ce qu'il a imaginé pour tenter de s'expliquer le problème éternellement irrésolu que pose la Mort. Quel qu'ait été ou que soit le système qu'il a inventé pour accorder l'orgueilleux sentiment de sa prééminence avec le mouvement indifférent de la vie, il a toujours entouré le mort de son respect angoissé et il a toujours éprouvé le besoin de l'honorer.

Conserver à l'âme son fragile support matériel, embellir les restes corporels en sauvegardant ou en transformant les apparences de la vie, telles sont les préoccupations métaphysiques dont sont issues les premières manifestations de l'art ainsi que les premières connaissances anatomiques et physiologiques. C'est avec le corps, matière même de l'Inconnu, que l'Homme a élevé le premier monument à l'Inconnu.

AVANT-PROPOS

L'évocation des momies nous conduit involontairement au milieu d'une Égypte grandiose, celle du Nouvel Empire, au fond de nécropoles fastueuses, d'où furent exhumés, après des millénaires, ces corps impondérables, à la peau durcie, brunie, parcheminée, enroulée dans d'interminables bandelettes que recouvrent de fins linceuls; aux membres couverts de bracelets, de colliers, d'amulettes, de bagues d'une richesse incomparable; au visage décharné, inexpressif, que cache un masque d'or.

Ces corps, parfaitement conservés dans de triples sarcophages ouvragés, enluminés d'or et de pierreries, qui en épousent les formes, ce sont les momies éternelles des temps pharaoniques.

Parce qu'elles furent la renommée de l'Égypte immortelle, les momies sont synonymes de ce pays fabuleux et, cependant, ce n'a pas été le seul point du globe où l'homme ait réussi à préserver du retour inéluctable au limon de la terre les restes de ses semblables.

Des civilisations beaucoup plus primitives de l'Afrique même et des autres continents ont pratiqué, de multiples façons, la momification des corps, sans toutefois égaler les Égyptiens dans leur art si perfectionné de l'embaumement.

Dans le Nouveau Monde, la momification était si fréquente et si généralisée au Pérou, à l'époque précolombienne, que ce pays a pu être appelé l'Empire des Momies.

Sans prétendre à l'universalité de ce mode de traitement du cadavre, puisque nous savons que le simple abandon des corps, l'immersion, l'inhumation ou l'incinération ont été également utilisés par de nombreux peuples dès les âges les plus reculés, on peut penser que la momification, comme rite funéraire, a eu une aire de répartition plus vaste que ce qu'il nous a été donné de connaître jusqu'ici par les découvertes archéologiques et l'ethnographie des peuples actuels.

Sans aucun doute, beaucoup de documents anciens ont échappé aux investigations des chercheurs, tandis que d'autres ont été détruits au cours des siècles sous l'effet de conditions naturelles défavorables. En outre, il faut tenir compte du fait que chez diverses populations, plusieurs traitements successifs étaient appliqués au cadavre et que la momification a pu être souvent temporaire, le corps étant ensuite enterré ou détruit complètement par le feu.

La momification est essentiellement d'ordre religieux et c'est par une interprétation moderne toute finaliste et erronée que l'on a pu penser qu'il s'agissait de principes d'hygiène publique.

Pour l'Egypte ancienne, à l'époque du haut développement des pratiques d'embaumement, et pour les civilisations voisines qui ont subi son influence, la raison supérieure était celle de la rédemption future dont devait jouir aussi bien l'être supérieur, le démiurge royal, que le plus humble des mortels. Et cette rédemption n'était pas limitée au seul esprit que la mort sépare du corps, mais, au contraire, elle n'était possible que si ce corps, qui avait servi de support à l'âme durant sa vie terrestre, conservait après son départ son intégrité.

Dans les civilisations plus primitives, en Afrique noire, en Asie orientale, en Océanie, en Australie et même en Amérique, il semble que la conservation du cadavre soit liée plutôt au culte des ancêtres qui a joué et continue à jouer chez certaines populations un rôle extrêmement important dans la vie sociale et religieuse.

Là, la conception de la mort apparaît profondément différente de la nôtre et on pourrait dire, en quelque sorte, qu'elle n'existe pas. Il n'y a pas cette coupure nette entre la vie et la mort : l'état de cadavre n'est qu'une autre forme de vie, mystérieuse et surnaturelle.

Le mort, l'ancêtre, continue à participer à la vie commune, mais, auréolé de puissance, il agit comme le grand protecteur et l'une des divinités de la tribu ou de la famille.

De cette idée dérive tout naturellement l'absence totale de dégoût pour le cadavre que l'on entoure de soins attentifs, que l'on place parfois dans la case, ou que l'on transporte avec soi au cours des déplacements. Mais la conception selon laquelle la vie réside principalement dans la matière cérébrale a amené aussi de nombreuses populations à ne conserver que la tête du mort, soit momifiée intégralement, soit réduite, soit décharnée, puis ornée de gravures et de peintures ou reconstituée au moyen de surmoulages artificiels. Il est à peu près certain que la chasse aux têtes, qui a été pratiquée en diverses régions du globe (et l'est peut-être encore), en particulier dans l'Insulinde et le Haut-Amazone, n'est qu'un aspect de ce culte du crâne des ancêtres.

On a pensé que les pratiques de conservation artificielle du corps ont pu naître d'un mode plus primitif de sépulture : la surélévation dans les arbres ou sur une plate-forme, dans un but de préservation. Il est certain que, comme la momification, la surélévation n'est pas subordonnée à une question de climat et tout autour du Pacifique, par exemple, ces deux modes de sépulture ont une aire de répartition qui est sensiblement la même : au Sud, de la Nouvelle-Calédonie à l'Amérique du Sud, en passant par l'Australie; au Nord, de la Chine à l'Alaska et, d'une façon générale, au nord du continent américain. Pour l'Amérique du Sud, le père W. Schmidt a cru même pouvoir assimiler ces deux types de traitement du cadavre au cycle culturel totémique.

Le terme momie est un néologisme relativement récent, créé bien après l'élaboration de cette pratique. Le bas latin « mumia » correspond à l'arabe « moumia » tiré lui-même du persan « moum » qui veut dire substances balsamiques. L'Histoire nous apprend que l'homme, avant de se servir de baumes conservateurs, savait momifier les corps.

Aussi, par momification, nous comprenons tous les procédés naturels ou artificiels employés pour la conservation du corps ou d'une partie du corps : dessication à l'air, au soleil ou à la fumée, avec ou sans éviscération, enrobement de matières plastiques, bourrage des cavités, embaumement chimique par injection de substances conservatrices.

I

LES MOMIES ÉGYPTIENNES

S I l'Asie, berceau incontesté de l'humanité, revendique, à juste titre, les premières tentatives de momification artificielle des corps, c'est sur la terre d'Afrique qu'elles se généralisèrent pour atteindre une perfection qui ne fut jamais égalée en nulle autre région.

L'Égypte en a été le pays d'élection; c'est de ce pays que les momies furent l'objet d'un épanouissement merveilleux d'art. C'est de ce pays fabuleusement puissant, riche et cultivé, que l'on exhume encore de nos jours des momies intactes qui viennent enrichir, par leurs admirables sarcophages et la magnificence de leurs bijoux, nos musées modernes.

L'Égypte a connu des techniques efficaces mais complexes de momification tout au long des siècles, qui ont permis jusqu'à nos jours la conservation des corps eux-mêmes, mais qui, au demeurant, déçoivent par leur parcheminement sec et brunâtre. Les méthodes utilisées sont restées quelque peu secrètes et tout ce qu'on en connaît nous a été légué par des récits d'écrivains non praticiens que certains détails, seuls, ont intéressés, alors que certains autres, passés inaperçus ou jugés par eux négligeables, ne sont pas arrivés jusqu'à nous. Il faut reconnaître qu'un concours de facteurs essentiels se trouvaient réunis sur cette terre privilégiée : l'atmosphère chaude, la nature même des sables du désert, l'existence surabondante de certains sels naturels charriés par le Nil. En fait, si l'école égyptienne apprit aux peuples méditerranéens les secrets de l'art de conserver les corps, il est rare de trouver chez ces peuples, soit de nombreuses momies, soit des momies bien faites; la raison en est que les conditions précédentes ne s'y trouvaient pas rassemblées et qu'au-dessus des techniques humaines si parfaites furent-elles, il y avait, en Égypte, à l'époque où des artistes conservaient les corps humains, un élément qui a pu paraître impondérable et qui, cependant, explique comment des chefs-d'œuvre immortels surgirent des sables.

Cet impondérable qu'animait chaque sculpteur, chaque architecte, chaque peintre, chaque orfèvre, chaque potier, chaque momificateur même, cet être mi-religieux, mi-sacré, c'était la foi en l'immortalité de l'âme, permettant à l'homme d'être impérissable si son corps physique était préservé de la destruction.

Les plus célèbres momies originaires d'Égypte datent du Nouvel Empire, soit de 1500 à 1100 avant Jésus-Christ environ. La plus connue est celle de Ramsès II, le « roi des rois », qui marque l'apogée des temps pharaoniques. Découverte en 1881 par les archéologues, sa peau desséchée, ses dents et ses cheveux étaient encore intacts. La plus bouleversante est celle de Toutânkhamon (qui devient Toutankhaton lorsque l'hérésie amarnienne prit fin), tant par son masque d'or que par l'extraordinaire trésor qui était amassé autour d'elle. Sa découverte ne date que de 1922. Jamais, jusqu'alors, les archéologues n'avaient mis au jour une momie reposant dans son état premier, c'est-à-dire enfermée dans cette châsse massive constituée de quatre cercueils emboîtés les uns dans les autres.

« Durant un moment, dit Howard Carter, qui fit cette découverte, la notion de temps perdit toute signification au regard de la vie humaine... L'air que nous respirions, immuable depuis tant de siècles, était l'air même respiré par ceux-là qui avaient descendu la momie au tombeau. »

Ces momies du Nouvel Empire sont le résultat de patientes recherches et d'observations poursuivies durant des millénaires.

Les premières momies égyptiennes ne ressemblent en rien à celles qui furent faites durant l'apogée de la momification, de même que les dernières ne leur sont pas comparables. L'art de la momification a décrit une courbe manifeste avec une ascension prodigieuse et une phase de déclin progressif au-delà de laquelle les pratiques furent perdues à jamais.

Les origines de la momification en Égypte sont difficiles à connaître et à préciser. L'Histoire nous apprend qu'au cours des premiers siècles connus de ce pays, il n'y eut aucun embaumement. Les corps des humains ne pouvant être, pour des raisons religieuses, ni incinérés ni exposés aux bêtes féroces du désert, l'inhumation dans le sable chaud du désert était la règle. Or, ce sol brûlant et sec était loin d'être « dévoreur » de cadavres; au contraire, il les conservait. Certains modernes pensent que la généralisation de la momification eut comme point de départ les nombreuses inondations du Nil qui, en exhumant les cadavres, furent à l'origine d'épidémies meurtrières. C'est là une vue finaliste qui est peut-être exacte mais qui ne correspond en rien à la raison première de la momification, tout entière d'origine religieuse et mystique.

On retrouve cette raison primitive dès les origines, dès cette période hypothétique et légendaire au cours de laquelle on ne sait comment faire la part de ce qui est l'homme et de ce qui est Dieu.

Le mythe d'Osiris, ce démiurge, aidé de sa femme Isis, sa propre fille, qui fit de l'Égypte barbare un pays grandiose d'où sortit la civilisation du monde, consiste en ceci : jaloux du prestige d'Osiris, son frère, le dieu Seth, l'enferma par surprise dans un coffre de bois et le jeta dans le Nil; un crocodile le porta sur son dos. Le coffre s'échoua sur une plage syrienne et fut caché par un arbre, l'*érica,* qui l'enveloppa dans son tronc. L'*érica* [1] fut utilisé par le roi du pays pour en faire une colonne de son palais et Isis, partie à la recherche d'Osiris, acheta cette colonne, retira le coffre et rapporta en Égype les restes de son mari.

Seth, ayant appris ce retour, subtilisa un soir, au clair de lune, le cadavre d'Osiris, le découpa en quatorze fragments qu'il jeta dans le Nil.

Sa fidèle épouse, aidée de Thot (fusion du dieu Ibis et du dieu Cynocéphales), d'Anubis et de sa sœur Nephthys, dévoués à leur maître, se retirèrent dans les îles du delta du Nil et cherchèrent les restes d'Osiris qu'ils retrouvèrent à l'exception d'un seul fragment, les organes sexuels, mangés par le poisson oxyrhinque. Isis reconstitua ainsi le corps d'Osiris, ne put lui redonner la vie bien qu'elle n'en fût pas moins fécondée par lui. C'est ainsi que fut engendré, puis enfanté, un fils qui fut appelé Horus. Horus, le dieu à tête de faucon ou d'épervier, élevé en cachette, jura

1. Les *Ericacées* sont des bruyères, comprenant plus de quatre cents espèces et poussant surtout en Afrique australe.

de venger son père et son premier devoir fut d'embaumer son corps,

La première tentative égyptienne de momification est donc celle du corps d'Osiris, par son fils Horus, aidé d'Anubis, le dieu des bandelettes funéraires. Horus institua en Égypte les rites funéraires qui devaient assurer aux morts la vie d'outre-tombe, et ses quatre fils : Amset à tête humaine, Hapy à tête de cynocéphale, Douamoutef à tête de chien et Kebhsenouf, hiérocéphale, furent les génies funéraires. Les divinités sont multiples : Ptah a créé tout ce qui est, Anubis le « Réajusteur des Os », l' « Ouvreur des Portes d'en bas », Moun et Osiris sont toujours représentés sous l'aspect momiforme maître suprême d'une ville déterminée.

Au néolithique, et surtout durant l'énéolithique, de nombreuses divinités incarnées dans les plantes, les minéraux, les animaux, Apis (taureau), Arsaphès (bouc de Mendès), Ophoïs et Anubis (chiens), Seth (lévrier du Caucase), Tefnout et Chou (félins), Ik (crocodile), Ermouthis (serpent), Mout et Nékhabit (vautours), Thot (ibis), Horus (faucon), Thot (singe), étaient adorées des Égyptiens préhistoriques.

Les tribus se regroupant entre elles, leurs divinités, voire leurs mythes, se rapprochèrent tout en se contredisant : soleil d'Héliopolis qui est à la fois Ré, Harakheté, Atoum et Krépi et taureau, faucon, astre et scarabée.

Ces mythes établissaient que le « double » *(ka)*, l'âme *(bâ)* (l'oiseau de l'âme), l'ombre et le corps étaient susceptibles d'éternité. Les anciens considéraient que la nature était une vaste masse liquide, le chaos primordial *(Noun)* duquel émergea la terre, ce qui impliquait un voyage en bateau.

Le ciel des astres, c'est-à-dire du firmament, en

opposition avec le ciel des ténèbres *(Douat)* était assimilé à une vache gigantesque qui avalait le soleil le soir pour enfanter au matin un astre rajeuni.

Ptah et Khnoum auraient été façonnés sur un tour de potier. Thot, le dieu singe d'Hermopolis [1], aidé des serpents et des grenouilles, était le démiurge solaire grâce auquel un tertre émergeait des eaux.

Râ-Atoum Khépri (soleil anthropomorphe), le dieu d'Héliopolis, sema les créatures, notamment Chou (l'Air) et Tefnout sa femme. Ce premier couple engendra Gebeb (la Terre) et Nout (le Ciel).

Osiris, à la figure prestigieuse, est le fils aîné de Geb ou Gebeb et de Nout, fille de Ré ou Râ, qui faisait de ce dieu le protecteur des morts. Il est le symbole de ce qui naît, puisque les morts doivent renaître une seconde fois avant d'errer éternellement au bord des fleuves célestes.

Le mythe d'Osiris donnait aux humains une garantie de survie posthume, bien que la notion d'un royaume d'Occident, refuge du soleil et des hommes (conception héliopolitaine de la destinée solaire du roi) et celle d'Anubis, protecteur des défunts et des embaumeurs, persistassent encore.

Seth, le corrupteur, le principe du mal, dont le symbole est le serpent d'Apophis, est en conflit avec Horus hiérocéphale, « l'ouvreur des corps », celui qui émascula Seth, voyait pour les morts, dirigeait leurs pas, et que représente le sphinx de Gizeh, « l'Horus de l'Horizon », « le .gardien des secrets » (le *Livre*

---

1. Où l'on trouve des animaux momifiés : surtout des ibis, mais aussi des chats, faucons, serpents, rats, crapauds, singes, taureaux, dont le taureau blanc sacré Apis, bousiers (les Ateuches sacrés). Le sanctuaire des crocodiles se trouvait à Crocodilopolis dans le Fayoum.

des morts). C'est dans ce livre que sont expliquées :

La *psychostasie,* devant les quarante dieux, devant Thot et Anubis, qui est encore appelée la *confession négative,* la déclaration de n'avoir pas péché. A la psychostasie fait suite la *pesée du cœur* du défunt (sa conscience) pour laquelle Thot à la tête d'ibis et Osiris questionnent la balance et après laquelle il devenait juste et justifié (Maâ Khéron);

L'*ouverture de la bouche,* qui se fait avec l'herminette, « l'instrument d'Anubis », en forme d'*uraeus,* et permet au défunt de retrouver les forces nécessaires pour pouvoir vivre dans l'autre monde. Ce rite rendait au corps l'usage de la parole, de la vue, de l'ouïe, de l'odorat, le toucher et la liberté de se mouvoir, c'est-à-dire l'âme et l'usage de son corps au défunt. Grâce à Osiris avec l'aide de Thot et d'Anubis était aboli ce qui est mesurable.

Le *Livre des morts* décrit le monde des morts, semblable à l'Égypte, partagé par un long fleuve, comprenant la « *Douat* » divisée en douze régions, correspondant à l'une des douze heures de la nuit, séparées chacune par une porte et d'où ils sortaient par la Barque solaire pour resplendir avec Râ lorsqu'il ressuscitait aux premières heures du jour.

Dès la Ve dynastie, la capitale est à Dahchour (Menkaouhor), puis à Saqqara (Isési et Ounas). C'est à partir de Kakaï que les rois, après avoir émigré au nord, à Abousir, s'appelèrent « fils de Ré », et portent un prénom solaire. Les rois de cette dynastie, Ouserkaf, Sahouré, Kakaï, Menkaouhor, Isési et Ounas construisent des pyramides aussi impressionnantes que celles d'Héliopolis.

La VIe dynastie, créée par Pépi Ier (encore appelé Néfersahor, puis Méryré), « le bien aimé de Ptah », s'installe à Memphis.

Les *Textes des Pyramides,* gravés à partir d'Ounas (V^e dynastie) et de Pépi (VIe dynastie), indiquaient que les rois étaient assurés de l'éternité, et qu'ils s'imposaient aux autres dieux. Les *Textes des Sarcophages* sont une vulgarisaiton des précédents.

Le culte d'Osiris prend cependânt peu à peu de l'importance à Abydos, mais reste secondaire, tandis qu'Amon est le « futur roi des Dieux » à Thèbes, où sévit un clergé puissant. Cependant sous le premier empire thébain, le culte osirien d'Abydos s'implante davantage et c'est vers la XIIe dynastie (env. 2000 à env. 1785) qu'apparaissent les *« chaouabti »* dans les tombes, statuettes ou images momiformes du défunt qui effectueront, à sa place, les travaux dans le royaume des morts.

L'élément le plus important fut la « démocratisation », si l'on peut s'exprimer ainsi, de la résurrection qui n'est plus réservée aux rois mais existe pour tous. On conçoit le regain d'intérêt d'Héliopolis, et le Moyen Empire s'engage vers le syncrétisme, préparant le monothéisme du Nouvel Empire.

Amon est le « roi des dieux », qui réside à Thèbes tandis que l'on adorait Ré à Héliopolis et Ptah à Memphis.

L'hérésie amarnienne, avant et après Aménophis IV-Akhénaton, consiste en une répudiation plus ou moins totale de tous les dieux et en l'adoration du soleil (Aton) dieu de la chaleur et de la lumière qui se lève à l'horizon et se couche à l'ouest pour pénétrer dans le royaume des morts et renaître le lendemain.

Aménophis IV fit proscrire le nom d'Amon, ferma les temples, fit construire une ville et des temples à Akhet-Aton (l'Horizon du Disque), aujourd'hui Tell-el-Amarna.

A sa mort, Toutankhaton continua à résider à

El-Amarna (env. 1354 à env. 1352) puis devint Toutânkhamon, quitta la ville hérétique et réintégra Thèbes, rétablissant tous les dieux.

Les premiers corps humains conservés jusqu'à nos jours datent de la *période prédynastique* ou *préthinite* qui fait suite à la période énéolithique. Il s'agit de momies naturelles. C'est durant cette période que les premières observations sur les propriétés conservatrices du sous-sol égyptien furent faites. A cette époque remontent des nécropoles plus ou moins importantes, construites à l'orée du désert, faites de tombes arrondies ou rectangulaires creusées dans le sable et des lits de cailloux, au fond desquels furent trouvés un ou plusieurs squelettes. Parfois les murs étaient protégés par des plaques de granit, parfois par des murs en briques (Abydos); le plafond était en fûts de palmier (énéolithique) recouvert de couches de cailloux, seules parties visibles de la tombe (mastaba).

Les premiers squelettes se présentent sous deux aspects qui correspondent d'ailleurs à des époques différentes. Dans une première période, les corps étaient cousus soit dans des peaux d'animaux, de gazelles notamment, soit dans des toiles ou dans des nattes de jonc. Ils étaient couchés sur le côté gauche, le corps plié, les « genoux aux dents » (position embryonnaire) c'est-à-dire les jambes fléchies et ramenées vers le visage, les pieds contre le bassin, les mains devant la face, la tête dirigée vers le sud et le visage vers l'ouest. Certains d'entre eux présentent des fragments de bitume qui font penser que des tentatives d'embaumement furent pratiquées.

Dans la seconde période, les squelettes ne sont plus intacts et les os sont éparpillés au fond de la tombe. Ces fosses ne représentent pas l'inhumation primitive mais une inhumation secondaire. L'exhumation était faite deux à trois ans après la mort, les débris osseux étaient réunis et inhumés, ce sont eux que l'on retrouve. Parfois la tête est nettement séparée du reste du squelette, parfois aussi les ossements ont été déposés dans de grands vases funéraires à col étroit et à fond large, sorte de jarres, comme celles retrouvées sous le sol des maisons de Phéniciens à Byblos et au Pérou incacique; enfin, parfois encore, une immense coupe en poterie a été renversée sur le corps.

Mais déjà les rites funéraires d'Horus sont observés, la présence de vases contenant des vivres, des armes, des ornements nécessaires à la survivance du mort le prouve. Ce sont ces ornements qui, dans les siècles futurs, concourront au faste des tombeaux égyptiens.

C'est au cours de la période thinite (4000-3400 av. J.-C.) que l'on voit apparaître de timides tentatives d'embaumement réservées, d'ailleurs, à la caste royale. Il n'y a plus de démembrement secondaire, les corps sont couchés sur le côté gauche, tels apparaissent les restes des premiers rois de Thinis conservés dans des tombeaux creusés dans le sol du désert comme à Abydos (Harabat el Madfouneh) la ville des morts. A la fin de cette période, les constructions en briques disparaissent, les subconstructions les remplacent, tel le temple de Negadah entre Abydos et Louxor, Nazlet-Batran, Abou-Roach. Djedefré, fils de Khéops, Heloun et certains rois commencent à adopter Memphis comme lieu de repos éternel. Le sarcophage apparaît. L'Ancien Empire (3400-2200 av. J.-C.) qui comprend les règnes de la IIIᵉ à la Xᵉ dynastie connut le début de la pratique courante de la momification.

Durant ces douze cents ans, les arts funéraires prirent une importance considérable. A la mastaba primitive firent place des monuments plus ou moins importants, offrant deux chambres, l'une pour le corps, l'autre pour les offrandes, tandis que dans la région du Delta, les grands de ce monde étaient inhumés à fleur du sol (IIIe-VIIIe dynastie).

Ce fut également l'époque où surgirent du désert les mastabas en forme de pyramides à gradins ou à degrés, à base rectangulaire comme celle de Saqqara (Djoser, IIIe dyn.-env. 2800), de Meidoun (Snefrou), puis les pyramides à double pente, dites rhomboïdales comme celle de Dahchour, à base carrée, les deux pyramides de Snefrou, fondateur de la IVe dynastie (env. 2750 à env. 2560), la première pyramide de Gizeh construite par Khéops, le Khoun-Khousoui des Grecs (IVe dynastie, env. 2696), pyramide parfaite à base carrée; la grande pyramide de Képhren (IVe dynastie, env. 2665).

Puis les personnalités importantes du régime eurent le droit de faire des mastabas régulièrement ordonnées dans la périphérie de la pyramide royale, plus ou moins importantes et riches. Apparut ensuite sous ces monuments l'hypogée se terminant par un puit vertical (Meir, Khsar es Sayad, Thèbes). Ces manifestations architecturales témoignent de la prospérité qui régna en Égypte sous les rois memphites mais aussi de l'évolution profonde des idées religieuses qu'exercèrent les rois héliopolitains.

Depuis les origines, les Égyptiens croyaient à la survivance spirituelle et c'est précisément au cours de l'Ancien Empire que s'affirma le caractère tout temporaire de la vie terrestre, contrastant avec l'éternité de l'âme. C'est à cette période de l'histoire religieuse que se fixe le dogme de la nécessité de la conversation du support physique assurant la pérennité spirituelle.

L'âme, d'après les doctrines religieuses, se composait de l'âme proprement dite ou *bâ,* telle que nous la concevons nous-mêmes et d'une survivance de l'âme ou *ka.*

Le *bâ,* ou *baî,* l'ailée, que l'on figurait sous forme d'un oiseau, héron, grue ou épervier, s'envolait dans l'autre monde au moment de la mort.

Le *ka* était l'âme seconde, intermédiaire entre le *bâ* et le corps, beaucoup plus matériel que la précédente; c'est le double. Il épouse la forme du corps auquel il se modèle et qu'il pénètre intimement, c'est le corps, mais un corps immatériel et transparent, c'est l'ombre noire, le *khaibît,* le spectre lumineux, le *khou.*

La momie servira de support nécessaire et obligatoire à l'âme véritable, au *bâ,* tandis que le double restait au tombeau, l'habitait et y vivait. Le *ka,* cependant, devait avoir un support, ce fut la raison des statuettes, des images du corps du défunt que l'on retrouve dans les sarcophages ou dans les pièces attenantes à la chambre sépulcrale, les *serdab* où, à côté de la table d'offrandes, sont entassées les victuailles et boissons nécessaires à la vie de l'ombre.

Ces principes religieux dirigent la construction des immenses tombeaux au fond desquels en profondeur le cadavre était soigneusement caché pour le protéger contre les hommes et sont la cause de la généralisation des pratiques de conservation, car il faut protéger le mort contre l'épreuve inéluctable du temps.

Dès la IIe dynastie, mais surtout au cours de la IIIe dynastie (2800 av. J.-C.) l'art de la momification prend un réel essor, bien qu'elle soit réservée encore aux classes supérieures.

L'embaumement proprement dit paraît être semblable à celui pratiqué au cours du Moyen Empire dont nous verrons tous les détails. Déjà il est procédé à l'incision du corps, à l'extraction des viscères. C'est à cette époque surtout que l'on retrouve l'usage des vases funéraires ou canopes [1] destinés à les recevoir. Les viscères momifiés, enveloppés de linge, sont déposés dans quatre vases canopiques décorés de la tête des quatre fils d'Horus (p. 19). L'estomac et le gros intestin sont mis dans un vase où figure la tête humaine d'Amset, le petit intestin dans un autre orné de la tête de cynocéphale de Hapy, les poumons et le cœur dans un troisième à tête de chacal de Douamou- tef, enfin le foie et la vésicule biliaire dans le canope portant la tête d'épervier de Kebhsenouf.

Les membres sont enroulés de bandelettes entre- croisées et le corps, après avoir été enduit de substances balsamiques est enveloppé dans trois ou quatre linceuls.

Dès la VIe dynastie fondée par Téti (env. 2500) existe une caste des professionnels de l'embaume- ment, vivant à l'écart de la population, sans en être véritablement exclue comme semblent le dire des écrits postérieurs. Bien que la pratique des bains conservateurs paraisse être en usage, la conservation est encore de courte durée.

Le Moyen Empire (2050-1500 av. J.-C.) qui a vu régner les rois de la XIe à la XVIIe dynastie, les Hyksos, n'a connu que peu de perfectionnement dans l'art de la momification.

La pratique des bains conservateurs devient de plus en plus fréquente; les corps sont enveloppés dans des linges, des bandelettes et des linceuls qui sont

---

1. Ainsi nommés en souvenir de la ville de Canope, construite sur la branche occidentale du delta du Nil, et dont le nom rappelle celui de Canopos, pilote de Ménélas au retour de Troie.

maintenus en place par d'autres bandelettes. Sur le visage et sur le haut du corps, de façon très inconstante d'ailleurs, on trouve un masque en carton peint et modelé ou en toile stuquée, ou même surmodelée en plâtre comme à Tell el-Amarna, rappelant les traits du défunt.

Ce corps est couché sur un côté, la tête appuyée sur un chevet, au fond d'un sarcophage rectangulaire en bois à parois épaisses recouvertes extérieurement et intérieurement de peintures rouge et or. Un couvercle plat ou bombé le recouvre et on trouve rarement, à l'intérieur, un second sarcophage de forme anthropoïde. Telle apparaît la momie de Sébekemsaf II, l'un des rois de la XVIIᵉ dynastie, monarchie thébaine indépendante, qui secoua le joug des rois Hyksos. Les téguments sont secs, cassants, rétractés, brunis et l'expression physionomique a complètement disparu, la mimique buccale fait défaut, les lèvres sont rétractées, laissant apparaître les arcades dentaires; en fait, la préparation ressemble beaucoup plus à un corps desséché naturellement qu'à une momie artificielle.

Les Écritures nous donnent, très succinctement d'ailleurs, quelques détails sur ces momifications. C'est à cette époque, en effet, que se place, sous la domination des rois Hyksos, entre la XIVᵉ et la XVIIᵉ dynastie (1700 ans av. J.-C.) le séjour de Joseph en Égypte et la mort de son père Jacob.

Jacob, bien que Juif, fut embaumé et enseveli à l'égyptienne, dans la terre de Gessen, dont la capitale était Héliopolis. On trouve, dans la Genèse (L, I, 2) les indications suivantes sur l'embaumement de son corps : « Puis il [Joseph] ordonna aux médecins à son service d'embaumer son père et les médecins embaumèrent Israël. Ils y employèrent quarante jours parce que c'était la coutume d'employer ce temps pour embaumer les morts. Et l'Égypte pleura Jacob pendant soixante et dix jours. »

Il est curieux de voir préciser le terme de quarante jours pour l'embaumement proprement dit, car il est en complète contradiction avec ce que l'on sait des embaumements égyptiens d'après les commentaires d'Hérodote et de Diodore de Sicile.

Bien que ceux-ci parlent, comme nous le verrons, d'une technique suivie un peu plus tard, ils indiquent que les procédés de momification devaient durer, selon la loi religieuse, soixante-dix jours. Aucun ne précisant si ce laps de temps comprend la durée de l'embaumement et celle du deuil, on peut se demander s'il n'y a pas eu de leur part quelque confusion.

Joseph, contrairement à toutes les lois religieuses égyptiennes qui interdisaient d'emporter les momies des nécropoles, au grand désespoir d'Orphée, put cependant emmener celle de son père en terre de Chanaan grâce au serment qu'il fit de revenir en Égypte (Genèse, L, I, 4, 5 et 6). Joseph fut lui-même embaumé en Égypte et son corps fut mis dans un cercueil (Genèse, L, III, 25).

C'est au cours du Nouvel Empire (1550-1100 av. J.-C.), où régnèrent les rois de la XVIII° à la XX° dynastie, que la momification atteignit son apogée merveilleuse mais, du même coup, sa vulgarisation, prélude de son déclin et de sa disparition de la terre égyptienne. Les momies qui furent faites durant les XVIII° et XIX° dynasties sont admirables d'expression, de conservation et de richesse. Elles constituent de véritables chefs-d'œuvre artistiques et elles offrent, en particulier, un caractère inconnu jusqu'alors : la persistance d'une expression physionomique, d'une douceur exceptionnelle donnant au visage à la fois l'impression de sommeil et de vie. Jusqu'à cette époque, la momie était un corps qui conservait ses formes extérieures, un squelette recouvert de téguments ayant résisté aux destructions habituelles, semblables à ceux momifiés naturellement dans les sables chauds mais dont les revêtements cutanés n'avaient pas été détruits. Mais, dès lors, c'est vraiment l'être humain avec ses traits, sa physionomie, son expression.

Mme Christiane Desroches-Noblecourt, conservateur en chef du département des Antiquités égyptiennes au musée du Louvre, dans son admirable livre, malheureusement épuisé, *Vie et Mort d'un Pharaon, Toutânkhamon,* décrit de façon très complète comment la tombe du fils du roi hérétique Aménophis IV-Akhenaton, partiellement et antérieurement violée et pillée, se présentait le 4 novembre 1922 à Howard Carter.

Après avoir déblayé les premières marches d'un escalier et un couloir, Howard Carter avertit Lord Carnavon, alors en Angleterre, et, le 29 novembre 1922, l'antichambre ou chambre sud était ouverte.

L'antichambre ou chambre du sud

Cette première salle mesurait 8 m de long et 3,60 m de large. Blanchie au plâtre, elle avait les caractéristiques d'une réserve.

Il y régnait le plus grand désordre et on y trouvait des reliques aussi disparates que des tables d'ivoire et des figurines sépulcrales. (Le journal des fouilles de Carter nous indique que cette pièce contenait cent soixante-dix-sept objets ou meubles différents, dont des coffres renfermant eux-mêmes d'autres objets.) Manifestement, des pillards étaient passés qui avaient déplacé les objets, ouvert les paniers, vidé les vases de leurs huiles précieuses. Il est vraisemblable que toutes les pièces facilement transportables avaient été volées telles que les colliers et les boucles d'oreilles, par exemple, qui devaient orner le buste en bois de Toutânkhamon resté en place. Le gros du trésor pharaonique comprenait des coffres pleins d'étoffes, des cassettes, des statues, quatre carrosses démontés, recouverts de feuilles d'or et le trône de Toutânkhamon, fait de bois plaqué de feuilles d'or, lui aussi, avec des incrustations de pierreries multicolores, deux têtes de lion en or repoussé et sur le dossier, l'image du pharaon et de son épouse.

Autour de ces pièces essentielles étaient disposés d'innombrables boîtes, coffrets, vases, cannes, trompettes, armes, paniers, poteries, etc. L'albâtre, l'ébène, l'or, le lapis-lazuli, la turquoise, l'ivoire entraient dans la décoration de beaucoup de ces objets.

La chambre funéraire ou chambre de l'ouest

C'est le 17 février 1923 que les archéologues y pénétrèrent en démolissant le mur — ou la porte — qui y donnait acès. Cette chambre était gardée par deux statues du roi lui-même, grandeur nature. Elle renfermait quatre chapelles en bois doré, emboîtées les unes dans les autres, et correspondait à « la chambre d'or » des sépultures royales. Il y avait peu d'espace entre cette chapelle et les murs, à peine 75 cm. Là aussi, des objets avaient été déposés.

Les décorations des quatre murs, exécutées sur un crépi de plâtre, représentaient le pharaon « réanimé » par son successeur, puis entouré de divinités infernales.

La quatrième des chapelles contenait une cuve funéraire en grès compact. Elle était recouverte d'inscriptions au nom et titre du roi et ornée à chacun de ses angles d'une magnifique image en haut relief, figurant une déesse étendant ses bras en signe de protection.

Ces quatre chapelles en bois doré, une cuve en quartzite, cela n'était pas suffisant, dit Mme Desroches-Noblecourt, pour abriter la momie d'un roi d'Égypte.

« *Les chercheurs allaient découvrir alors des merveilles encore plus étonnantes : cette cuve renfermait trois sarcophages momiformes emboîtés.* » Le dernier en or massif pesait plus d'une tonne. Chacun représentait le pharaon coiffé de la couronne, surmontée du vautour et du cobra, emblèmes respectifs de la Basse et de la Haute-Égypte.

Même dans le dernier sarcophage, le visage de la momie se dissimulait derrière un masque d'or battu. Il apparut carbonisé ou presque par l'accumulation des onguents versés lors de la momification.

Plus de cent cinquante bijoux furent retrouvés sur le corps emmailloté.

La momie très détériorée fut soignée — le mot n'est pas trop fort, dit Mme Desroches-Noblecourt — par le Dr Derry. Après restauration, elle présente une longueur approximative de 1,63 m. D'après les calculs du Dr Derry, le roi devait mesurer, au moment de sa mort, 1,67 m environ.

La chambre du trésor

Une petite pièce dite chambre du trésor se trouvait à l'angle nord-est de la chambre funéraire. L'élément le plus important était une châsse en bois recouvert d'or et haute de deux mètres, contenant les viscères du roi défunt. Sur celle-ci, veillaient quatre splendides déesses, Isis, Nephthys, Neith et Serket, protectrices respectives du foie, des poumons, de l'estomac et des intestins. Quatre urnes renfermaient chacune l'un de ces organes. Le cœur, lui, était conservé avec la momie.

Sur le seuil de cette salle, se trouvait un grand coffre, fixé sur un brancard. Sur ce coffre en bois doré, était posée une majestueuse statue peinte en noir du dieu chacal Anubis, aux yeux incrustés d'or et aux oreilles ourlées du même métal. Les griffes étaient d'argent.

Derrière, apparaissait une tête de vache en bois doré, et dont les cornes en forme de lyre étaient en cuivre. Cet animal évoquait la déesse Hathor appelée « l'œil de Ré ».

Ce grand coffre, sur lequel était allongé le dieu chacal Anubis, était plein de bijoux et d'objets sacrés tels que scarabées et amulettes.

Dans une annexe, située à l'angle sud-ouest de l'antichambre, étaient découverts deux petits sarcophages, en bois doré. Dans chacun d'eux, la momie avait été traitée comme le corps d'un adulte. Il s'agissait, probablement, d'un fœtus de six mois et d'un autre de sept mois. La première interprétation qui venait à l'esprit était d'y reconnaître deux enfants mort-nés de Toutânkhamon. Ces deux petits corps, en tout cas, faisaient oublier, pendant quelques instants, cette extraordinaire richesse accumulée.

La momie de Toutânkhamon était littéralement couverte de trésors : cent quarante-trois objets précieux maintenus entre les bandelettes et en bon état de conservation : doigtiers, sandales, bagues, colliers, diadèmes, dagues, pendentifs, amulettes. La plupart de ces objets étaient en or, ce métal étant incorruptible et conférant à l'être ainsi protégé son mystérieux pouvoir. Essayons, en faisant le chemin inverse des fouilleurs, de reconstituer le lent travail des bandelettes qui commence sur le corps nu, traité pendant soixante-dix jours par les techniciens et les prêtres, et qui, couche après couche, se termine au dernier signe posé sur le crâne du roi.

Le crâne de Toutânkhamon avait été rasé comme pour les grands prêtres. Les grands rois d'Égypte montrent encore une chevelure presque vivante. Pourra-t-on un jour comprendre pourquoi Toutânkhamon avait subi ce sort particulier?

Autre particularité : deux bretelles de feuille d'or étaient disposées sur sa poitrine. Partout, sur toutes les représentations de toutes les époques, les rois d'Égypte ne portent sur le petit corselet qu'une seule bretelle. C'est dire que Toutânkhamon était considéré comme un dieu, dès l'officine des embaumeurs, et que ceux-ci avaient transformé son effigie défunte en corps d'éternité.

Une petite calotte de lin avait été posée sur le crâne, décorée de bandes tissées de perles de faïence et d'or, en forme de bandeau sur le front, d'où partaient quatre cobras sacrés. (Ces quatre cobras sacrés — ou *uraeus* — étaient le symbole du globe solaire Aton, le dieu nouveau imposé, vers la deuxième moitié de la XVIIIᵉ dynastie, par l'hérésiarque Aménophis IV dit Akhenaton.) Cette calotte était maintenue sur la tête par une large bande d'or. Une autre coiffe de lin recouvrait la première. L'image d'un vautour aux ailes déployées et découpées dans une feuille d'or ornait le sommet du front. Ce vautour royal — déesse de la Haute-Égypte —, était relié au serpent de la Basse-Égypte, l'*uraeus* sacré, dressé devant le front. Ces éléments étaient maintenus par un second bandeau d'or.

Après de nombreux enroulements de bandelettes de lin, on avait placé le diadème du roi, simple cercle d'or, orné de disques de cornaline centrés d'un clou d'or et entourés d'une lisière de pâte de verre.

Tout ornement de tête de pharaon devait porter sur le front l'*uraeus* royal, insigne de son pouvoir suprême.

Les deux éléments indispensables au diadème, le vautour et l'*uraeus,* ne pouvant prendre place sur le diadème — du fait de la pose ultérieure du masque funéraire —, ceux-ci furent posés respectueusement le long de la cuisse droite et le long de la jambe gauche.

Le circuit des bandelettes fut alors repris et la tête totalement emmaillotée.

Le cou du roi était particulièrement protégé. Au contact du cou, on avait placé un collier de quatre rangs de perles rondes, et après quelques tours de bandelettes, des images de vautours et de cobras découpées dans des feuilles d'or. Elles constituaient le lien magique entre les deux parties du monde que devait retrouver le roi dans son empire éternel. Entre les bandelettes disposées par-dessus ces objets, on trouvait des pierres fines, des colliers et des amulettes d'or. L'une d'entre elles portait le nom d'Osiris, maître de l'autre monde.

D'autres bijoux étaient répartis ainsi sur le thorax et l'abdomen, dont un magnifique pendentif au vautour, cinq pectoraux, de fastueux colliers en or, dont le collier de Nékabit (fait de deux cent cinquante-six éléments d'or) et le « collier d'Horus ».

Les mains de la momie étaient maintenues sur l'abdomen par d'innombrables tours de bandelettes. Au niveau des poignets, les prêtres avaient disposé respectueusement cinq et huit bagues qui étaient en fait des cachets portant le sceau du roi. Au niveau des avant-bras, étaient accumulé six et sept bracelets magnifiques. Chaque doigt portait son étui d'or, où étaient dessinés l'image de l'ongle et le pli de la première phalange, et il en était de même au niveau des orteils.

Entre les jambes, on avait placé le pénis : emmailloté et en rectitude, et réparti sept bracelets.

Autour de la taille, au contact du corps, était une ceinture en perles d'or et de faïence. Sur les jambes, on avait placé un petit tablier fait de perles de faïence de verre et d'éléments d'or. Sous la momie, était fixée la « queue rituelle » (depuis les premiers pharaons). Sous la ceinture, avait été glissée une dague en or. L'étui était décoré d'une scène de chasse, symbolisant la victoire du mort sur les démons rencontrés sur son chemin. Sur une autre ceinture d'or, était posée, contre la cuisse droite, une dague de fer, ce métal miraculeux.

Il s'agit là d'une description sommaire de tous les objets symboliques retrouvés entre les bandelettes, et qui, rappelons-le, étaient au nombre de cent quarante-trois. Ajoutons-y la petite amulette en forme de chevet et en fer. Grâce à ce métal miraculeux, la tête du mort se lèverait comme le soleil à l'horizon.

Les artistes qui avaient exécuté les masques d'or battu, avaient su reproduire avec un grand talent les diverses expressions de ce monarque immortel. Du premier, d'or massif, qui était au contact de la momie, émanait une impression de tristesse. Les yeux et les sourcils, incrustés de pâte bleue, le relèvement des commissures des lèvres donnaient à ce visage une vie intense, tandis que la magnifique coiffe funéraire, la barbe rituelle d'Osiris, le fouet et le crochet d'Osiris, conféraient à l'ensemble un hiératisme sans égal.

Un deuxième masque évoquait un certain apaisement et le dernier, l'éternelle jeunesse que Pharaon venait de quitter et qu'il allait retrouver dans le cercle des dieux.

Le masque d'or, à l'effigie même de Toutânkhamon, était « l'être renouvelé », le roi ressuscité et redevenu « chair divine ». On avait gravé, sur le dos du plastron : « Salut à toi. Vivant est ton visage. Ton œil droit est la barque du jour, ton œil gauche, la barque de la nuit. » Dans ces barques, Toutânkhamon accompagnerait le Soleil et participerait ainsi à l'Éternité.

Toutes les momies de cette période ne sont cependant pas des merveilles de conservation, loin s'en faut. La diversité qu'elles présentent tient au fait de la généralisation de ces pratiques à toutes les classes humaines. Seules les momies princières sont des chefs-d'œuvre.

Hérodote d'Halicarnasse, dans les *Histoires des Peuples d'Orient,* ou plus exactement dans *L'Enquête* (Livre II) donne les détails suivants concernant la confection des momies :

« *Rites funèbres.* »
(85) Voici leurs deuils et leurs cérémonies funè-

bres : dans la famille qui perd un homme de quelque considération, toutes les femmes de la maison se couvrent de boue la tête ou même le visage; puis elles laissent le cadavre dans la maison et courent par la ville en se frappant la poitrine, le sein nu, la robe retroussée, retenue par une ceinture; toutes leurs parentes se joignent à elles. Les hommes se frappent et se lamentent de leur côté, dans une tenue semblable. Cela fait, on emporte le corps pour le faire embaumer.

(86) Il y a des gens spécialement chargés de ce travail et dont c'est le métier. Quand on leur apporte un mort, ils montrent à leurs clients des maquettes de cadavres, en bois, peintes avec une exactitude minutieuse. Le modèle le plus soigné représente, disent-ils, celui dont je croirais sacrilège de prononcer le nom en pareille matière; ils montrent ensuite le second modèle, moins cher et moins soigné, puis le troisième, qui est le moins cher de tous. Après quoi, ils demandent à leurs clients de choisir le procédé qu'ils désirent voir employer pour leur mort. La famille convient du prix et se retire; les embaumeurs restent seuls dans leurs ateliers, et voici comment ils procèdent à l'embaumement le plus soigné : tout d'abord à l'aide d'un crochet de fer ils retirent le cerveau par les narines; ils en extraient une partie par ce moyen, et le reste en injectant certaines drogues dans le crâne. Puis avec une lame tranchante en pierre d'Ethiopie [1], ils font une incision le long du flanc, retirent tous les viscères, nettoient l'abdomen et le purifient avec du vin de palmier [2] et, de nouveau, avec des aromates

1. Il s'agit de l'obsidienne, feldspath d'origine volcanique, découverte par Obsidius, selon Pline.
2. Extrait de la sève du palmier dattier.

broyés. Ensuite, ils remplissent le ventre de myrrhe pure broyée, de cannelle, et de toutes les substances aromatiques qu'ils connaissent, sauf l'encens, et le recousent. Après quoi, ils salent le corps en le couvrant de natron pendant soixante-dix jours; ce temps ne doit pas être dépassé. Les soixante-dix jours écoulés, ils lavent le corps et l'enveloppent tout entier de bandes découpées dans un tissu de lin très fin et enduites de la gomme dont les Égyptiens se servent d'ordinaire au lieu de colle [1]. Les parents reprennent ensuite le corps et font faire un coffre de bois, taillé à l'image de la forme humaine, dans lequel ils le déposent; et ils conservent précieusement ce coffre dans une chambre funéraire où ils l'installent debout, adossé contre un mur.

(87) Voilà pour le procédé le plus coûteux. Pour qui demande l'embaumement à prix moyen et ne veut pas trop dépenser, voici leurs méthodes : les embaumeurs chargent leurs seringues d'une huile extraite du cèdre et emplissent de ce liquide le ventre du mort, sans l'inciser et sans en retirer les viscères; après avoir injecté le liquide par l'anus, en l'empêchant de ressortir, ils salent le corps pendant le nombre de jours voulu. Le dernier jour, ils laissent sortir de l'abdomen l'huile qu'ils y avaient introduite; ce liquide a tant de force qu'il dissout les intestins et les viscères et les entraîne avec lui. De son côté, le natron dissout les chairs et il ne reste que la peau et les os du cadavre. Après quoi, les embaumeurs rendent le corps, sans lui consacrer plus de soins.

(88) Voici la troisième méthode d'embaumement, pour les plus pauvres : on nettoie les intestins avec de

1. Il s'agirait, selon Hérodote, de la résine qui coule de l'acacia.

la *syrmaia* [1]. On sale le corps pendant les soixante-dix jours prescrits, puis on le rend aux parents qui l'emportent.

(89) Les femmes des grands personnages ne sont pas, à leur mort, immédiatement données à embaumer, non plus que les femmes d'une grande beauté ou d'une grande réputation : on attend deux ou trois jours avant de les confier aux embaumeurs, ceci pour éviter que les embaumeurs n'abusent des cadavres : car l'un d'entre eux, dit-on, fut surpris au moment où il abusait du corps d'une femme qui venait de mourir; il fut dénoncé par son collègue.

(90) Pour tout homme, Égyptien ou étranger semblablement, dont on reconnaît qu'il est mort victime d'un crocodile ou du fleuve lui-même, la ville sur le territoire de laquelle le cadavre a été rejeté est tenue de faire embaumer le corps et de lui accorder les funérailles les plus somptueuses, ainsi qu'une sépulture sacrée. Personne même n'a le droit de le toucher parmi ses proches ou ses amis : les prêtres du Nil peuvent seuls porter la main sur lui — car c'est désormais quelque chose de plus que le cadavre d'un homme —, et ils l'ensevelissent eux-mêmes. »

Diodore de Sicile, autre commentateur des momifications, dans son *Histoire* (I, 81) en donne une description qui, bien qu'elle soit moins complète que la précédente, traduit encore plus d'admiration.

« Les Égyptiens, dit-il, ont trois sortes d'embaumement : les pompeux, les médiocres et les simples. Les premiers coûtent un talent d'argent, les seconds vingt

1. Liquide extrait du raifort pressé, à moins qu'il s'agisse simplement d'huile.

mines et les troisièmes presque rien. Ceux qui font profession d'embaumer les morts l'ont appris dès l'enfance. Le premier indique, sur le côté gauche du mort, le morceau de chair qu'il faut couper; après celui-ci vient un second individu nommé le "coupeur" ou "parachyste", qui pratique cette opération au moyen d'une pierre d'Éthiopie aiguisée. Ceux qui salent viennent ensuite; ils s'assemblent tous autour du mort qu'on vient d'ouvrir et l'un d'eux introduit, par l'incision, sa main dans le corps et en tire tous les viscères, excepté le cœur et les reins; un autre les lave avec du vin de palmier et des liqueurs odoriférantes. Ils oignent ensuite le corps pendant plus de trente jours avec de la gomme de cèdre, de la myrrhe, du cinnamone et d'autres parfums qui, non seulement contribuent à le conserver pendant très longtemps, mais encore lui font répandre une odeur très suave. Ils rendent alors aux parents le corps revenu à sa première forme, de telle sorte que les poils, même des sourcils et des paupières sont démêlés et que le mort semble avoir gardé l'air de son visage et le port de sa personne. »

Cependant, bien des détails manquent. L'embaumement, en Égypte, à cette époque, constituait une industrie florissante entièrement aux mains des prêtres et des praticiens qui en gardaient jalousement et le monopole et les secrets. Les tombes, bien que visitées régulièrement par des inspecteurs, furent violées et pillées par des bandes de malfaiteurs, lorsque celles-ci n'étaient pas composées de prêtres cherchant l'or et les onguents. Un procès retentissant eut lieu sous Ramsès IX [1], et, parfois nuitamment, la

1. Papyrus-Abbott, British Museum.

momie d'un parent proche prenait la place de celle d'un pharaon pour qu'elle puisse bénéficier de l'immortalité de son âme ou *bâ*. Les pharaons de la XXIe dynastie ne pouvant assurer la garde des tombeaux décidèrent de les regrouper dans une grande chambre funéraire aménagée à Deir el Bahari et à Deir el Medineh. C'est ainsi qu'Émile Brugsch découvrit, dans la vallée des Rois, les sarcophages et les momies des pharaons et des dignitaires des XVIIe, XVIIIe et XIXe dynasties, notamment Amosis Ier, fondateur de la XVIIIe dynastie (1560-env. 1542), Nofrotari, son épouse, Aménophis Ier (XVIIIe dynastie, env. 1558-env. 1530), Thouthmosis Ier (XVIIIe dynastie, env. 1530-env. 1520), Ramsès Ier, fondateur de la XIXe dynastie (env. 1314-env. 1312), Touthmosis III (XVIIIe dynastie, env. 1504-env. 1450), Sethi Ier, fils de Ramsès Ier (XIXe dynastie, env. 1312-env. 1298), Ramsès II (XIXe dynastie, env. 1301-env. 1235), Pinodjem, prêtre roi de Thèbes (env. 1050), ainsi que les momies de reines, de princes et de grands prêtres.

Chaque ville avait son hypogée et ses momificateurs. La plus célèbre fut celle de Thèbes, avec son quartier réservé aux artisans des momies, Memnonia. C'est dans l'hypogée de Thèbes que fut déposée la momie d'Eurydice où Orphée la retrouva semblable à elle-même, mais sans vie et ne put l'emmener selon les prescriptions de la loi religieuse (1249 av. J.-C.). Creusée dans le sol, réalisant cette descente aux enfers, la nécropole était située dans l'île du lac Achérusie.

Il existe bien d'autres nécropoles prestigieuses, celle de Memphis qui s'étend sur une circonférence de seize kilomètres de diamètre, appelée la plaine des momies et où les fellahs de la fin du siècle dernier se chauffaient encore durant l'hiver avec les débris momifiés; celle de Gournath, de Biban el Moulouck, d'El Assassif, où se trouve le tombeau des Harpistes qui sont les témoins muets d'une foule d'ouvriers de la mort.

Certains d'entre eux étaient spécialisés dans certaines manipulations. Il y avait les scribes qui marquaient sur le flanc gauche la place où les « parachystes » incisaient les téguments. Ces derniers auraient été l'opprobre des vivants; leur contact et leur présence souillaient le cadavre et après ils devaient s'esquiver des injures et des coups des assistants.

Il y avait aussi les « colchytes » qui embaumaient et préparaient les bains de natron, les « tarischeutes » qui confectionnaient les bandelettes. A côté de ces praticiens mi-prêtres, mi-ouvriers, vivaient une multitude d'artisans, le plus souvent des criminels, des condamnés de droit commun, des esclaves qui, sous leur autorité, surveillaient le fonctionnement des norias nécessaires pour amener l'eau aux piscines, fabriquaient les poteries et les canopes, veillaient à l'entretien des bains, ou chauffaient les fours et les bassines à substances balsamiques. Il y avait aussi des femmes qui filaient le coton et tissaient les bandelettes et linceuls.

Les descriptions des techniques mêmes ont laissé de côté certains détails. C'est ainsi que les corps de femmes de qualité, jeunes et belles, étaient conservés par la famille avant d'être livrés aux embaumeurs.

L'incision abdominale se faisait à gauche, un peu au-dessus et en arrière de la crête iliaque. La matière cérébrale était enlevée, nous dit Hérodote, par les narines à l'aide de crochets en bronze qui effondraient la lame criblée de l'ethmoïde, mais parfois on procédait à son ablation par le trou occipital mis à nu par une incision de la nuque; d'autres fois, on ne touchait pas au cerveau.

Les organes génitaux féminins étaient, le plus souvent, retirés par voie vaginale; les organes génitaux mâles faisaient l'objet d'un soin particulier et étaient mis en évidence. Dès que les cavités abdominales étaient débarrassées des viscères, elles étaient nettoyées au vin de palmier et l'on procédait au bain ou au recouvrement du corps par du natron qui est un sesquicarbonate de soude impur contenant du carbonate de fer et de chaux, de l'alumine, de la magnésie et du sulfate de soude. Il était extrait des lacs du Nil. Mais dans bien des cas, le bain était un bain de sel ordinaire.

Après le séjour dans le bain, un rite capital de la momification était observé. C'est celui de la dessication du corps qui s'effectuait, soit à l'air libre, soit dans des étuves chauffées à cet effet. Bien qu'aucun historien ne l'ait mentionné, c'est là, peut-être, le secret de la conservation des momies égyptiennes. Une fois desséché, le corps était bourré d'étoupe, de coton, de sciure de bois, d'herbes sèches imbibées de poudre de myrrhe, d'aloès, de cannelle, de cinnamone, de casse, à l'exception d'encens réservé à l'usage des dieux. Toutes ces substances étaient mélangées avec du natron ou du sel. La plaie abdominale était alors recousue ou simplement obturée par un tampon de toile ou recouverte d'une plaque en or ou en argent présentant en son milieu l'œil oudjat (l'œil d'Horus, l'œil de lumière). Les narines, la bouche, les oreilles, tous les orifices naturels étaient fermés avec une pâte parfumée de couleur noirâtre, la tête était à demi remplie de baume et les yeux étaient remplacés par des yeux d'émail en forme d'œil oudjat.

L'ensemble du corps était lavé, frictionné, verni à

l'huile de cèdre et avec des compositions complexes faites d'une dissolution, dans du vin de palmier, de baume styrax [1], de baume du Pérou et de Tolu. Tels étaient les détails de la préparation la plus luxueuse. Celle qui était moins onéreuse consistait en l'injection, par le rectum et les narines, d'huile de cèdre. Il n'était pas pratiqué d'incision abdominale, ni d'ablation de viscères et le corps, après le séjour dans les bains, était rendu à la famille.

L'embaumement des pauvres, que les prêtres faisaient gratuitement, consistait à enduire le cadavre et à lui injecter cette substance végétale encore inconnue et appelée *syrmaia* ou *sarmoca.*

Une fois préparé, le corps était, dans tous les cas, enroulé de bandelettes.

Les doigts des pieds et des mains étaient enveloppés séparément et, pour les embaumements princiers, chacun des doigts des mains était recouvert d'un étui d'or. Les ongles étaient vernis et chaque membre enroulé séparément par des bandelettes. Le corps était alors habillé par les colchytes d'un véritable maillot très fin qui le recouvrait de la tête aux pieds et sur lequel on disposait un premier linceul où se trouvaient inscrits à l'encre des extraits du rituel ou dessinée la tête d'Osiris. Un second linceul plus fin, teint en rose, recouvrait le précédent. Plusieurs couches de mousseline de coton recouvraient le corps et entre chacune d'elles on coulait une couche de plâtre très fin.

On l'enroulait encore de bandelettes d'une longueur interminable puisqu'on a pu en mesurer deux cents à trois cents mètres sur une seule momie. Elles étaient imprégnées d'une gomme spéciale qui semble

---

1. Nom scientifique de l'aliboufier *(Styracées).*

être de l'huile ou de la résine de cèdre *(cecria).* Les linceuls et bandelettes étaient de coton extrêmement fin. L'usage du coton ne fait aucun doute, mais il est bien possible que la traduction de byssus ($\beta\upsilon\sigma\sigma\sigma s$) pour désigner l'arbre à laine ne corresponde pas à ce végétal, mais à une espèce de lin la plus pure.

Les bandelettes de Saïs étaient très recherchées; elles étaient tissées par les recluses de Neith, la patronne des tisserands. Les momies d'Akhmin, construite sur les ruines de l'ancienne Panopolis, sont recouvertes d'étoffes d'une richesse de travail incomparable.

La tête de la momie, lorsqu'elle provenait d'un sujet de haute lignée, était recouverte d'une feuille d'or où les yeux étaient peints; parfois un masque cartonné la recouvrait, ainsi que le haut du thorax. Les momies des femmes ont les dents et les ongles couverts d'une feuille d'or. Les récentes découvertes faites à Tanis ou Pi Ramsès (Maison de Ramsès), construite sur les ruines d'Avaris des rois Hyksos ont permis de retrouver les momies de Psousennes, Osorkion II, Shésnank II des XXIe et XXIIe dynasties, ainsi que celles de personnages importants, tels Oukheken, Héqskhefere-Ghana, le général Oundebaoun Ded au visage recouvert d'un masque d'or vierge minuscule mais d'une pureté incomparable et aux doigts et orteils ornés de doigtiers en or de dimensions démesurées.

Les viscères n'étaient pas toujours embaumés, la coutume des vases canopiques tend à disparaître à cette époque. Bien souvent, ils étaient jetés dans le Nil.

La momie était alors mise dans un sarcophage momiforme de sycomore ou de cèdre, en forme de gaine, peint extérieurement et intérieurement, parfois même doré. A l'intérieur du sarcophage, on mettait des essences de menthe et de thym pour éloigner les insectes.

Certaines momies, comme celle de Ramsès II (XIXe dynastie), étaient couvertes de lotus blancs et la présence de lotus bleus est tout à fait courante comme décoration intérieure des sarcophages.

Enfin, on trouve toujours des papyrus renfermant des formules religieuses, pour servir de guide dans l'autre monde, écrites en deux encres, rouge et noire, agrémentées de dessins et d'enluminures. Certains mesurent plus de quinze mètres de long.

A la magnificence de la momie s'ajoutait celle des sépultures. Ramsès III (XXe dynastie), dans un papyrus conservé au British Museum, a pris le soin de décrire lui-même les détails de construction d'un de ses trois temples funéraires, celui de Thèbes.

« Je t'ai fait un somptueux '' Temple de millions d'années '', situé près de la montagne de Neb-ankh et tourné vers ton lever. Il a été construit en grès, en granit gris et en basalte; les battants de sa porte sont en bronze doré et ses pylônes, bâtis en pierre, s'élèvent jusqu'au ciel et sont ornés d'inscriptions gravées au nom de Ta Majesté.

« Tout autour, j'ai élevé une enceinte avec ses escaliers et ses terrasses en grès. Devant, j'ai creusé un bassin rempli d'eau du ciel et ombragé de plantations aussi verdoyantes que les marais de papyrus de la Basse-Égypte.

« J'ai empli ses trésors de tous les biens de l'Égypte, argent, or et pierres précieuses en quantités innombrables. Ses greniers sont pleins de blé et de céréales des champs. Ses troupeaux sont aussi nombreux que les grains de sable au bord des canaux. Je lui ai réservé les tributs du Delta et de la Thébaïde; la Nubie et la Phénicie lui appartiennent avec leurs redevances et il s'enrichit du butin que, grâce à toi, j'ai enlevé aux nations étrangères. Les jeunes esclaves s'y comptent par centaines.

« J'ai fait faire une statue à ton image; elle est placée dans l'intérieur de ce temple, et son nom glorieux est Amon, '' Créateur de l'Éternité ''. J'ai fait faire des vases d'offrandes en or pur, et d'autres, sans nombre, en argent et en bronze.

« J'ai multiplié pour toi les offrandes en pain, vin, bière, oies grasses, bœufs, veaux, bestiaux de toute sorte, antilopes, gazelles, le tout destiné à cette statue.

« J'ai fait extraire, pour ce monument, une montagne de blocs d'albâtre et de grès. Je les ai fait tailler pour les édifier de chaque côté de la porte du temple; j'y ai fait graver des inscriptions en ton nom illustre d''' Initiateur de l'Éternité ''.

« J'ai fait sculpter et distribuer, dans son intérieur, d'autres statues en granit rose et en grès, avec des socles en basalte. J'ai fait faire les images de Ptah, Sokar, Nefer-Toum, en compagnie du Cycle divin, terrestre et céleste et je les ai placées dans l'intérieur du naos. Elles sont recouvertes d'or et d'argent, et émaillées de pierres précieuses travaillées avec grand soin.

« J'y ai fait construire un sanctuaire semblable à celui de Toum. Les colonnes, les gonds et les battants de porte sont en électrum. La grande corniche qui en fait le tour est recouverte d'or pur.

« Des bateaux chargés de froment et d'épeautre sont dirigés vers ses greniers, sans discontinuer. J'y ai fait établir un magasin d'approvisionnements et de grands chalands sillonnent sans cesse le Nil pour emplir ses trésors.

« Ce temple est entouré de vergers, de jardins, de parterres, chargés de fleurs et de fruits pour Ta Majesté. Il s'y trouve des kiosques pour l'été avec de grandes baies ouvertes à l'air. Devant, j'ai fait creuser un canal dont les eaux fourmillent de lotus et de nénuphars. »

La momification, au cours du Nouvel Empire, perd de son importance. Elle variait, nous l'avons vu, selon la fortune du mort, selon les époques et selon les régions. A la XXᵉ dynastie, le corps est allongé sur le dos et complètement rasé, les bras étendus, les orifices naturels sont bouchés par de la cire vierge et de la résine de cèdre; le visage, les mains, les pieds, parfois le corps entier, sont peints avec une couleur rouge ou brune. Les vases canopiques ont disparu, les organes momifiés dans le natron ou le sel sont remis en place et portent des figurines en cire ou en poterie des enfants d'Horus.

Les cercueils se multiplient. La momie est mise dans un premier sarcophage de forme anthropoïde, puis celui-ci dans un second de même forme et le tout est enfermé dans un grand cercueil rectangulaire. Le masque d'or ou de carton a disparu pour être remplacé par une planchette épousant la forme du cercueil et posée directement sur la momie.

A la XXIVᵉ dynastie, on voit réapparaître les sarcophages en pierre de forme anthropoïde et les momies qu'ils renferment sont du type thébaïque avec un masque en cartonnage à figure humaine.

Sous la domination grecque et romaine (XXVIᵉ dynastie), la momification commence à connaître son déclin qui va s'accentuer au cours des siècles.

C'est à partir de cette époque qu'apparaît l'usage de la poix et du bitume de Judée. Tout d'abord inconnu en Basse-Égypte et utilisé seulement pour la classe pauvre en Haute-Égypte où le natron et le sel arrivent difficilement, le bitume de Judée va devenir d'un usage courant.

Il était chauffé dans d'immenses marmites, rendu suffisamment liquide et prêt ainsi à recevoir le corps entier que l'on y plongeait. Après un contact suffisant pour permettre au liquide en fusion de pénétrer profondément dans les tissus, le corps était retiré, séché et entouré de bandelettes.

Ce fut ce procédé qu'utilisèrent par la suite les fabricants de fausses momies à l'usage des égyptologues d'occasion. Les momies bitumeuses n'offrent aucune apparence de vie, les téguments sont secs, noirâtres, le visage est inexpressif. Leur revêtement vestimentaire est très simple, négligé même et rappelle celui des momies du second empire thébain. Cependant, à cette époque encore, les momies de l'Égypte du Nord sont toujours richement ornées.

La décadence de la momification s'accentue encore sous les Ptolémées et surtout sous les Césars; elle devient de plus en plus rare bien que quelques chrétiens de la secte gnostique fassent encore quelques embaumements. L'emploi du natron et du bitume disparaît, les corps sont desséchés par exposition à l'air chaud d'un foyer et ils sont enveloppés d'un épais maillot. La momie est ornée d'un buste de plâtre coloré ou d'un panneau de bois peint à la cire représentant les traits du défunt et fixé au moyen des derniers tours de bandelettes. Ces portraits que l'on retrouve en particulier dans le Fayoum reproduisent les traits d'étrangers : Grecs, Romains, Sémites et métis. Ce sont les premiers exemples de peinture d'effigies d'inspiration gréco-romaine (Ier-IVe siècle après J.-C.). Ils ne sont pas sans ressembler aux masques de bois des « fardos » péruviens. Parfois, la momie est mise dans une toile cirée, comme c'est le cas de celles des catacombes de Philae.

Les Pères de l'Église ont contribué grandement à la décadence de la momification car ils en interdirent la pratique. Saint Antoine, né à Coma, en Haute-Égypte, vers 530, saint Paul, dans ses prédications s'élèveront contre les momifications. En fait, l'édit de Théodose, en 380, en enlevant à l'Égypte ses institutions, anéantit pour toujours les embaumements.

La momie de Cléopâtre, conservée au British Museum, qui date de 30 avant Jésus-Christ, est de cette période décadente. Elle fut retrouvée intacte par Héraclius, 126 olympiades après sa mort.

Cependant, bien après cette période, des corps parfaitement momifiés furent retrouvés. Ceux trouvés à Akhim, Erment, Salamich, Achmouneim, recouverts d'habits d'apparat, correspondent à l'époque byzantine et à la première époque arabe.

C'est vers le IVᵉ siècle que se place l'épisode de Thaïs. La momie qui se trouvait au musée Guimet était celle d'une Thaïs chrétienne découverte au milieu de corps féminins portant des habits religieux. Sur la momie, des palmes tressées, des objets de piété furent trouvés ainsi qu'une inscription portant le nom grec de Thaïas. Auprès de cette momie on découvrit le corps d'un anachorète qui serait celui de Sérapion le Sidonite, le pieux religieux de la Thébaïde qui obtint la réparation de la vie scandaleuse de la belle Thaïs.

Les momies retrouvées de nos jours dans les riches nécropoles n'offrent pas toujours les détails précieux et artistiques de celles de Thoutmès Iᵉʳ, de Thoutmès IV, de Ramsès II, de Ramsès III ou de Siphtah, ni la perfection dans la conservation des traits des momies de Séti Iᵉʳ, de Ménéphtah et, bien souvent, au milieu de trésors inestimables, on en a retrouvé de très simples, vêtues sommairement, sans joyaux et conservées par les moyens réservés aux classes pauvres. C'est qu'en effet des tombeaux royaux furent violés, les dépouilles jetées au vent et, par un pieux subterfuge, on a substitué la momie vulgaire d'un humble parent à celle d'un fastueux pharaon pour lui assurer son heureuse éternité.

Les *Ethiopiens,* comme les Juifs, apprirent des Égyptiens l'art de momifier les corps au moment de la conquête de l'Égypte par Piânkhi Méri-Amon (XXIIIe dynastie, 750-650 av. J.-C.). Les corps étaient desséchés ou embaumés selon les techniques égyptiennes et recouverts d'une couche de plâtre que l'on ornait d'un dessin rappelant les traits du mort. La momie, selon Hérodote (*L'enquête,* III), introduite dans une colonne creuse et transparente de « verre fossile » qui devait être du mica, était, un certain temps, conservée par la famille puis ensuite emportée et placée autour des murailles de la ville.

Actuellement, les plus célèbres des momies égyptiennes sont exposées au musée du Caire dans un triste alignement. Triste destin, en effet pour ces souverains de l'histoire égyptienne que d'avoir leurs augustes dépouilles livrées ainsi directement au regard des visiteurs.

La vallée des Rois a maintenant livré tous ses secrets, y compris le tombeau de Toutânkhamon. On sait que des décès successifs de chercheurs (treize sur vingt fouilleurs) ayant exploré, à des titres divers, la tombe de ce jeune Pharaon, avaient déchaîné les imaginations et qu'une malédiction semblait peser sur elle, d'autant plus que sur un cartouche placé au-dessus de la porte d'entrée de la salle funéraire était gravé en hiéroglyphes : « La mort touchera de ses ailes celui qui dérangera dans son éternité le pharaon qui repose en ce lieu. » Mais Toutânkhamon n'est pas coupable. Il n'a jeté derrière lui aucun sortilège, ni placé aucune arme mystérieuse. La vérité est peut-être plus simple : au moment de la découverte, le corridor souterrain qui conduisait au sarcophage est resté ouvert, laissant entrer les chauves-souris vectrices d'*Histoplasma capsulatum,* champignon mortel, et qui peut-être contamina quelques égyptologues parmi les nombreuses équipes savantes qui se succédèrent dans le tombeau, comme le fut en 1956, en Rhodésie, le géologue John Wiles, prospectant les grottes souterraines de Karibi.

Aujourd'hui, des études se poursuivent, multidisciplinaires et de grande ampleur, sur les momies égyptiennes, telle par exemple celle de PUM II, momie non identifiée et baptisée ainsi parce qu'elle fut prêtée à l'université de Detroit par le musée de Philadelphie, sur l'entremise du Pennsylvania University Museum.

L'intérêt n'est plus centré ici sur l'histoire, les techniques de l'embaumement et leur sens religieux, mais sur la paléopathologie, c'est-à-dire la connaissance de la mort et de la maladie dans les sociétés anciennes. Ainsi, ont pu être mis en évidence des signes d'athérosclérose, que l'on croyait la rançon des sociétés industrielles. De même le groupe sanguin a pu être caractérisé (B); on peut parvenir aussi à des diagnostics de maladie infectieuse par l'immunologie. Les questions annexes de la paléopathologie ne sont pas pour autant négligées : les résines d'embaumement sont à l'étude, par exemple. Dans le cas de PUM II, le pénis était maintenu dressé (c'est le cas également de Ramsès IV, env. 1168) par une petite pièce de bois et n'était pas circoncis, deux faits remarquables puisque la circoncision était généralisée en Égypte et que cette présentation du pénis n'était pas rituelle. Sans doute faut-il voir là le signe des influences extérieures qui prendront de l'importance beaucoup plus tard, à l'époque ptolémaïque (env. IIIe s. - env. Ier siècle) : aux cultes traditionnels d'Osiris commencent à se mêler en effet vers cette période les cultes grecs, dont celui de Dionysos (temples de Dendera, Ombos, Philae).

Des études radiographiques ont bien sûr été pratiquées révélant des malformations, des lésions diverses et permettant de préciser les âges, les types morphologiques, voire raciaux. C'est dire qu'en 1975 les momies égyptiennes continuent d'être, après deux siècles de travaux divers, une source privilégiée d'information sur une civilisation de cinq mille ans.

Mais le témoignage que constitue la momie égyptienne est, rappelons-le, essentiellement religieux. A travers ces préparatifs pour l'au-delà est affirmée la survie du *ka* mystique, esprit immortel qui habite chaque homme. « Sois juste ici-bas, dit un antique papyrus; tout homme survit à sa mort et ses actes s'amoncellent à ses côtés, car l'existence dans l'au-delà dure toute l'éternité et qui l'aborde sans avoir fait de mal sera toujours pareil aux dieux. » Cette conception de la vie et la vénération des morts qui en découle explique l'immortalité et la grandeur de la civilisation du Nil.

II

LES MOMIES PÉRUVIENNES
ET DU NOUVEAU CONTINENT

LES modes de sépultures en Amérique du Sud
offrent une nette différence entre les régions basses
des forêts tropicales et les régions des hauts plateaux
des Andes, ainsi que les côtes du Pacifique.

Dans les bassins de l'Orénoque et de l'Amazone, la
momification n'a guère été pratiquée que par quelques tribus, tandis qu'en Colombie et surtout au
Pérou, en Bolivie et au Chili, elle a joué un rôle
primordial. Avec le Pérou, en particulier, l'Amérique
du Sud possède une réplique de l'Égypte.

LES MOMIES DU PEROU PRECOLOMBIEN

Dans les Andes et sur la côte du Pacifique, dans
toute la zone de l'ancien empire des Inca, de
l'Équateur au désert d'Atacama, la momification fut
pratiquée sur une telle échelle que les corps conservés
artificiellement y sont aussi nombreux qu'en Egypte
et que le Pérou fut appelé, à juste titre, le royaume
des momies. Les raisons d'ordre religieux de ces
conservations péruviennes ne semblent cependant pas
être de même essence que celles qui présidèrent aux

momifications égyptiennes et orientales. Pour les Indiens, la conception de la mort était assez différente et, même à l'époque de l'empire des Inca, elle était restée remarquablement primitive. L'idée de la séparation de l'âme et du corps n'existait pas. L'état cadavérique ne marquait pas la fin de la vie, mais n'était que le prolongement de celle-ci, sous une forme nouvelle et supérieure. Incontestablement, le culte des morts au Pérou se rattache étroitement au culte des ancêtres, si caractéristique dans certaines sociétés primitives. Un grand pouvoir était accordé aux morts et la conservation du corps par la momification prolongeait cette puissance surnaturelle. Du reste, les momies continuaient, de diverses façons, à participer aux manifestations de la vie quotidienne du peuple. Dans certaines tribus Kitchua des Andes, elles prenaient part aux fêtes et les corps des chefs étaient emportés par les soldats à la guerre.

Les modes de sépulture, d'enveloppement et de préparation des corps ont été très variés suivant les régions et les époques. Dans certaines régions du Haut-Pérou, dans la vallée de Queara, dans les provinces de Junin et Ayacucho ainsi que dans la région de Chachapoyas, les momies étaient placées dans des grottes naturelles ou des niches creusées artificiellement dans le rocher, souvent à plusieurs mètres de hauteur où elles étaient à peu près inaccessibles. A l'époque des Inca, les corps de certaines personnes étaient transportés dans des cavernes à deux chambres dont l'une abritait la momie et l'autre ce qui lui appartenait ainsi que les offrandes [1]. Dans les merveilleuses ruines de Quelap,

---

1. Les momies s'appelaient *Munaos* sur la région côtière, sablonneuse et *Mallkis* dans les sierras.

il y avait une énorme construction formée de plusieurs troncs de pyramides et de terrasses superposées, et réalisant notamment dans la vallée du Rimac des pyramides à degrés, rappelant celle de Saqqara, dénommées *Waka* ou *Huaca*. Les momies ou *fardos* étaient empilés les uns sur les autres sur des pyramides sacrées antérieures et sont devenues des nécropoles dont les murs de pierres taillées étaient creusés d'innombrables chambres funéraires et de niches où étaient déposés les morts. En diverses régions du territoire des anciens Chimu, les momies étaient placées dans des niches qui tapissaient en quelque sorte les gros murs d'adobe (brique crue en terre séchée au soleil) parfois odontiformes qui entouraient les palais et les temples. Cependant, sur la côte du Pérou, les momies étaient plus généralement transportées dans de vastes nécropoles constituées par des séries de petites constructions en adobe, comme à Pachacamac, ou dans des puits profonds, d'accès difficile et souvent invisibles à la surface du sol. Enfin, sur les hauts plateaux désolés qui bordent le lac de Titicaca, les Indiens ont élevé pour leurs momies des dolmens et des *chullpas* ou *kullpis,* tours funéraires de dimensions souvent impressionnantes et d'une architecture remarquable. Ces *chullpas,* rondes ou quadrangulaires, étaient construites en partie en moellons, en partie en pierres taillées, et étaient recouvertes parfois d'une couche de mortier qui portait probablement des peintures. A l'intérieur, il y avait plusieurs chambres ou niches destinées aux morts. Ces constructions, dont les plus grandes mesurent jusqu'à treize mètres de hauteur, se rencontrent encore actuellement par groupes de vingt à cent dans toute la région anciennement habitée par les Kolla.

Quant à l'aspect extérieur des momies péruviennes ou *fardos,* à l'attitude qui leur était donnée, à la façon de les habiller et de les envelopper, il y a un certain nombre de règles qui ont été assez généralement observées, tant sur la côte du Pacifique que dans les régions andines.

Le *fardo,* qui semble avoir été importé du Sud (Paracas, désert de Nazca et d'Ica, env. 200-300 ap. J.-C.), avant de s'étendre à tout le pays, durant la civilisation de Tiahuanaco, de l'Altiplano au Koalbo-Titicaca (actuellement en territoire bolivien), est constitué de deux parties, l'une inférieure qui renferme la momie elle-même, l'autre surmontant la première à laquelle elle est cousue et constituant une fausse tête avec un masque.

Avant que n'apparaisse la rigidité cadavérique, le cadavre était mis en position rituelle, embryonnaire, « genoux aux dents », avant-bras fléchis sur les bras, appuyés sur la poitrine ou sur les genoux, jambes fléchies sur les cuisses et y étant maintenues par des liens en coton ou en fibres d'agave. Cete attitude si spéciale et si généralisée au Pérou ne se rencontre cependant pas uniquement dans cette région. La « position embryonnaire », ainsi qu'on l'appelle couramment, se retrouve chez les corps préparés artificiellement dans d'autres parties d'Amérique, en Océanie et en Asie, ainsi que chez des squelettes inhumés sans préparation, comme on a pu le constater en Égypte prédynastique, en Scandinavie (par exemple, dans la chambre sépulcrale de Stege à l'île de Moen, avant l'arrivée des Vikings), ou même dans certaines sépultures paléolithiques et néolithiques de l'Europe occidentale. Il s'agit là d'une position rituelle, semblable à celle du fœtus dans l'utérus, attitude que doit prendre naturellement le mort dans la Terre, mère de tous les hommes. Les statuettes ou les sculptures intérieures des sarcophages égyptiens représentant la déesse Nout qui accueillait et protégeait les morts ont une signification identique.

Des plaques d'or ou d'argent obstruaient la bouche, les narines ainsi que tous les orifices naturels; parfois les doigts et les mains étaient recouverts de gantelets d'or, la poitrine de plastron, les paupières et les globes oculaires étaient recouverts de feuilles d'or; parfois, après que le visage eut été coloré en rouge par le cinabre, un masques mortuaire était déposé, aux poignets étaient passés des bracelets d'argent. Le corps ainsi paré était habillé soit de ses propres vêtements, soit d'une tunique fendue pour que la tête et les bras puissent passer *(cushma),* soit enfin de somptueuses dalmatiques brodées avec des plumes, des mantes tapissées comme les kilims (Paracas), sur lesquels sont déposés des ponchos faits le plus souvent de plumes d'aras aux couleurs bleues, rouges ou jaunes très vives.

Sur le sommet du crâne était disposé un turban le plus souvent empanaché de plumes de perroquet. Sur les momies de femmes étaient parfois disposée sur les épaules la *lliclia* [1] polychrome de forme carrée, repliée en pointe et maintenue par une fibule en argent. Sont placés sur la momie des colliers, des bijoux, un épi de maïs violet, puis elle était rembourrée par des blocs de coton beige de couleur naturelle, en quantité suffisante pour que les parties osseuses saillantes soient effacées de telle manière qu'un paquet oblong à base plus grande que le haut soit réalisé. Ce paquet était enroulé dans de longues

1. Mante tissée par les Indiennes, de forme carrée, repliée en pointe sur le dos, pouvant recevoir un petit enfant.

bandes de toile de coton de couleur marron ou rouge clair (vingt mètres de long, six mètres de large). Le tout était mis dans une véritable résille constituée par des lanières de *totora*. Le paquet ainsi solidement attaché était à nouveau enroulé dans des bandes de toile de coton blanc cousues sur un côté.

Des petits sacs étaient passés en bandoulière sur les épaules, renfermant des feuilles de coca. Une ceinture de cuir arrondie contenant des graines retenait parfois une fine tapisserie en guise de tablier. A la partie supérieure du paquet ainsi réalisé était placée la fausse tête. Celle-ci était de forme oblongue, piriforme, à pointe supérieure constituée par de la bourre de coton maintenue par un filet de *totora* et des toiles de coton colorées en rouge. Sur la face antérieure était mis en place un masque, le plus souvent en bois taillé, maintenu par les bandes de coton, parfois en coton grossier, coloré par des bandes de couleurs bleues ou rouges. Les yeux apparaissaient exorbités, peints en rondelles blanches et à pupilles centrales noires; ils pouvaient avoir l'aspect bridé lorsqu'ils étaient constitués par des coquillages (têtes portraits ou *wakos* des Mochica-Chimu ou de Nazca). Le nez était constitué d'un morceau de bois rond ou triangulaire. Les lèvres étaient figurées en rouge ou en blanc.

Au sommet de la fausse tête sortait d'un turban volumineux en laine de vigogne *(llanto),* parfois porteur de plumes ou de croix avec des fils de coton, une abondante perruque faite de crins, le plus souvent de fibres d'agave teintes en noir. Les faux cheveux étaient coupés en frange sur le devant du masque.

Le fardo ainsi réalisé était recouvert d'une peau animale : lama, renard, daim, jaguar, phoque *(lobo marina)* dont les extrémités étaient réunies par de larges points de couture lâche, de cuir ou de ficelle de fibres d'agave.

Autour de la momie étaient déposés des bijoux, des colliers, des calebasses à *chicha,* des vases cérémoniels, des poteries contenant des graines de haricots, de pacae, des racines, des épis de maïs violet, mais aussi des pinces à épiler en or ou en argent, des peignes, des bourses en tapisserie renfermant des feuilles de coca, des rouleaux de bois ou d'os sculptés, incrustés ou non de nacre, des amulettes, des disques d'or, des feuilles de palmiers, des instruments aratoires, parfois l'écusson cérémoniel ou le bâton cérémoniel; lorsqu'il s'agissait d'un homme, la *quena,* flûte indienne phallomorphe en roseau ou en os, ou le sicus ou flûte de Pan, en roseau, parfois en terre cuite; lorsqu'il s'agissait d'une femme, des métiers à tisser et le fuseau à fusaïole entouré de laine à demi filée, avec des pelotes de coton teint et des aiguilles à coudre.

Sur les îles au nord de Lima furent découvertes des momies de jeunes femmes décapitées, sans doute sacrifiées à Waman, señor de Guano, richement parées de turquoises, les seins recouverts d'or et d'argent, tandis que les têtes trophées abondent dans le Nazca, pays du guano.

A côté de l'attitude accroupie des momies, si généralisée dans les différentes civilisations précolombiennes du Pérou et de la Bolivie, on peut signaler cependant quelques exceptions. Certaines populations plus primitives, et, en particulier, les pêcheurs de la côte sud du Pérou, ont donné à leurs morts une position allongée.

C'était le cas des Chincha, qui déposaient les cadavres dans une sorte de litière en roseaux *(barbacoas).* Dans les cimetières anciens d'Arica, on a retrouvé des corps en position allongée dont la conservation avait été assurée par des méthodes totalement différentes de celles en usage au Pérou et qui, par contre, se rapproche étrangement de certaines coutumes d'Océanie. Les cadavres avaient été recouverts entièrement d'une épaisse couche de matière plastique, vraisemblablement à base de chaux, qui avait été modelée de façon à rendre au mort ses traits habituels. Un masque de bois recouvrait la face et une perruque remplaçait les cheveux.

On a rencontré, au sud de cette région, dans des cimetières Chango, des cadavres momifiés en position étendue et enveloppés dans des peaux de phoques ou de pélicans. Une momie d'homme couché, de Pisagua, en excellent état de conservation, était recouverte d'un poncho de coton polychrome sur lequel était placée une grande carapace de tortue qui couvrait entièrement le visage et la poitrine.

Dans les amas coquilliers de la région côtière, qui sont considérés comme très anciens, les corps sont simplement maintenus par des cordes et placés sous de grands paniers ou des filets de pêche. A une époque postérieure, appartiennent les paquets funéraires en forme d'œufs, bourrés de coton et enveloppés de grands morceaux de tissus, souvent très fins et richement décorés de motifs polychromes, en coton ou en laine. En certains points de la côte, en particulier dans la région de Nazca et de Lima, on a cherché à rendre à la momie enveloppée une forme humaine. Les paquets funéraires, plus ou moins cylindriques, sont surmontés d'une tête factice en coton, en bois ou en métal, avec une chevelure en fibres végétales, des ornements d'oreilles, une coiffure en vannerie, en coton ou en plumes multicolores.

Si les bras et les jambes sont toujours absents, par contre, le sexe est parfois indiqué. Le corps est entouré d'une ceinture de coton où sont suspendus de petits sacs en tapisserie remplis de feuilles de coca, de gousses, d'épis de maïs, de plantes médicinales, de poudres colorantes.

Dans la région du Cuzco et du lac Titicaca, sur le haut plateau andin, les momies, généralement habillées avec moins de luxe et d'abondance, sont entourées d'une sorte de natte faite d'une large tresse en fibres de *totora* (sorte d'enea, jonc aquatique) enroulées de bas en haut tout autour du cadavre. Certaines momies des environs de Tiahuanaco sont placées dans un sac en fibres végétales qui épouse la forme du corps accroupi et qui laisse à l'air libre le visage du mort.

Un mode de sépulture très particulier et unique au Pérou a été donné aux momies de la région de Chachapoyas, dans la vallée de l'Utcubamba. Ces momies, que l'on retrouve dans des abris sous roches très élevés et presque inaccessibles, étaient disposées sur une sorte de trépied et recouvertes entièrement par un énorme monument, haut d'environ un mètre cinquante, fait d'un mélange de plâtre et de poils d'animaux, qui reproduisait sommairement un corps humain plus ou moins conique, surmonté d'une tête piriforme et peinte en rouge. Si plusieurs momies occupaient l'intérieur du monument, celui-ci était plus vaste et la tête principale portait un nombre de têtes humaines, de dimensions plus réduites, correspondant au nombre de cadavres contenus à l'intérieur. Les momies elles-mêmes offrent des dispositions spéciales que l'on ne retrouve pas en d'autres régions du Pérou. Nous avons eu l'occasion d'examiner, avec le docteur P. Pizon, au moyen de la radiographie, deux paquets funéraires provenant de Chachapoyas et appartenant au musée de l'Homme. L'une de ces momies, enveloppée de tissus grossiers, d'une peau de puma et de cordes, appuie sa tête dans la paume de ses mains. L'autre paraît avoir été coupée en plusieurs morceaux qui occupent la partie inférieure du paquet funéraire, bourré de coton et maintenu par une série de longs morceaux de bois disposés verticalement.

Pour les momies des Inca, exposées dans le temple du Soleil au Cuzco, il semble, d'après les descriptions qui ont été faites par les anciens chroniqueurs, qu'elles étaient assises sur des sièges d'or, faisant face à la figure du Soleil seulement recouvertes de leurs riches vêtements et ornements et que leurs visages, aux traits admirablement conservés, restaient visibles ou portaient des masques d'or. Plusieurs de ces momies royales furent découvertes en 1559 et quelques témoins ont décrit l'intense émotion ressentie à ce spectacle.

Garcilaso de La Vega (1539-1616) fils d'une Inca [1], dans *Les Commentaires royaux ou l'histoire des Incas,* en fait la description suivante :

MORT DE L'INCA VIRACOCHA [2], ET COMMENT L'AUTEUR PUT VOIR SON CORPS

« L'Inca Viracocha meurt au sommet de la puissance et de la majesté. Il fut universellement pleuré

1. Princesse *(ñusta)* chimpu Occlo, convertie au christianisme, cousine germaine de Huascar Inca (1527-1532) et de Manco, fille du prince Huallpa Tupac Inca Yupanqui (1471-1493), nièce de Huaina Capac (1493-1527). *Cf.* chronologie de Miguel Cavello de Balboa, dans *Miscelanea austral,* citée par Baudin dans *L'Empire socialiste des Inka,* Paris, 1928.
2. Viracocha Inca régna au XIVᵉ-XVᵉ siècle (Rowe, *Handbook of South American Indians,* vol. II, 1946).

dans tout l'empire, et on lui offrit de nombreux sacrifices. Il avait gagné onze provinces, dont quatre au midi et sept au nord du Cuzco. On estime que la durée de son règne a été supérieure à cinquante ans, et cela paraît juste d'après son corps, que je vis au début de l'an 1560, lorsque je fus prendre congé du licencié Polo de Ondegardo, corregidor de Cuzco, avant de quitter le Pérou pour l'Espagne.

« Puisque tu pars pour l'Espagne, me dit-il, entre dans cette chambre, tu y verras quelques-uns des vôtres que j'ai exhumés et dont tu pourras parler là-bas. »

Il y avait là cinq corps, dont trois de rois et deux de reines inca. On pensait que l'un d'eux était celui de l'Inca Viracocha. Il était certes mort à un âge avancé, car sa tête était blanche comme neige. Le second était le grand Tupac Inca Yupanqui, arrière-petit-fils de Viracocha Inca, et le troisième Huaina Capac, fils de Tupac Inca Yupanqui, et par conséquent arrière-arrière-petit-fils de Viracocha. Ces deux derniers devaient être morts plus jeunes, car ils avaient aussi des cheveux blancs, mais en beaucoup moins grand nombre. L'une des femmes était Mama Runtu, sœur-épouse de Viracocha, et l'autre la Coya Mama Occlo, mère de Huaina Capac, et il paraît vraisemblable que les Indiens les trouvèrent par couples unis dans la mort comme ils l'avaient été dans la vie.

Tous ces corps étaient si bien conservés qu'il ne leur manquait pas un cheveu, un sourcil ni même un cil. Ils portaient leurs vêtements royaux, et étaient assis à l'indienne, les mains croisées sur la poitrine, la droite par-dessus la gauche, et les paupières baissées comme s'ils regardaient à terre. Le père Acosta, qui a vu ces corps, a dit à quel point leur conservation était parfaite. Je n'ai pu réussir à savoir de quelle façon on s'y prenait pour les embaumer, ni avec quels ingrédients : les Indiens me l'ont caché, comme ils l'ont caché aux Espagnols, ou bien peut-être l'avaient-ils déjà tous oublié lorsque je les ai interrogés.

Il me souvient d'avoir touché un doigt de la main de Huaina Capac : il était dur comme du bois. Ces corps étaient si légers que les Indiens les portaient aisément dans leurs bras d'une maison à l'autre pour les montrer aux messieurs qui voulaient les voir. Dans la rue ils les recouvraient d'un drap blanc; et tous les Indiens qui les voyaient passer s'agenouillaient aussitôt et saluaient en gémissant, le visage couvert de larmes; bien des Espagnols se découvraient aussi devant les corps de ces rois, ce dont les Indiens demeuraient si touchés qu'ils ne savaient comment le dire.

Voilà ce que je sais des hauts faits et des exploits de l'Inca Viracocha. Il est bien regrettable que les Incas n'aient pas connu l'écriture, car tout ce qu'ils savaient d'autre s'est perdu avec eux, et la mémoire d'un homme aussi valeureux aurait mérité d'être plus amplement conservée. »

Les chroniqueurs de la conquête espagnole font mention de véritable embaumement artificiel pratiqué sur les cadavres des Incas en vue de leur conservation. Malheureusement, les renseignements précis au sujet des méthodes employées, sans doute demeurées secrètes, sont extrêmement pauvres. Cobo dit que l'opération demandait beaucoup de temps et qu'elle était conduite avec une si grande habileté « qu'après deux cents ans, les défunts paraissaient aussi intacts et leurs cheveux aussi bien peignés que s'ils étaient morts depuis moins d'un mois ». D'après d'autres chroniqueurs, nous savons qu'à la mort de l'Inca, la première cérémonie accomplie par les siens était l'enlèvement des viscères au moyen d'une incision abdominale avec une lame d'obsidienne ou de jaspe. Ces viscères, noyés dans des substances balsamiques, placés dans un linge de coton ou de laine, puis dans un vase funéraire ou *huaco*, étaient exposés en grande solennité. D'après Zarate et Gomara, le baume de Tolu, le baume du Pérou, l'essence de *Chenopodium ambrosoïdes*, liqueurs à odeur très forte et désagréable, tirées de certains arbres, étaient coulés dans le corps par la bouche et suffisaient à préserver les cadavres de toute corruption. Des substances analogues et des gousses de *taro* que l'on emploie encore actuellement pour le tannage au Pérou et en Bolivie étaient introduites dans le corps par l'incision abdominale.

Le corps était alors desséché soit dans de vastes étuves spéciales, soit à l'air chaud du soleil, soit encore au-dessus de fumées abondantes. Durant la dessication, on lui donnait la position définitive et si spéciale des momies péruviennes : genoux rapprochés du menton par une hyperflexion des cuisses, avant-bras fléchis, mains ramenées devant le visage ou soutenant même la face.

Les quelques rares recherches effectuées sur des momies provenant de la région andine et appartenant vraisemblablement à l'époque incasique ont été, à ce point de vue, concluantes. Elles ont apporté la preuve de l'exactitude des observations faites par les anciens chroniqueurs. Reutter, qui a eu l'occasion d'analyser deux masses résineuses prélevées sur des momies de cette région, a trouvé des éléments assez semblables à ceux qui ont été utilisés par les Égyptiens et les Carthaginois. Ces masses résineuses avaient été préparées à l'aide du baume du Pérou et du baume de Tolu, décelés par la présence de l'acide cinnamique, de l'acide benzoïque, de la cinnaméine et du tanin. On y avait ajouté, en outre, du sel et divers végétaux renfermant du menthol, du thymol, des alcaloïdes et des saponines. Ainsi les Inca utilisaient donc, de même que les Égyptiens et les Carthaginois, des substances à base d'acides cinnamique et benzoïque comme antiseptiques et antiputrides et des essences diverses destinées à éloigner les insectes.

Lehmann-Nitsche a pu également analyser une masse provenant d'une momie bolivienne et formée d'une matière brun jaunâtre mélangée à des fibres végétales qui se révéla être une substance résineuse, à odeur fortement aromatique, d'origine végétale et d'une nature très voisine de celle des masses étudiées par Reutter. Cette masse résineuse avait été extraite d'un crâne préalablement trépané et ceci nous amène à parler de la pratique de la trépanation post-mortem aux fins d'embaumement. Il semble, en effet, d'après quelques documents comme celui étudié par Lehmann-Nitsche, qu'une telle opération a été parfois pratiquée au Pérou et en Bolivie, en particulier sur les hauts plateaux et dans la région de Chacha-poyas, sur le versant oriental des Andes. La perfora-tion du crâne permettait soit de le vider entièrement, soit d'y verser une substance destinée à préserver de la putréfaction la masse encéphalique. Cependant, cette pratique était loin d'être générale et les innombrables pertes de substance relevées sur les crânes des anciens péruviens peuvent être interpré-tées comme résultant soit de maladies osseuses, soit d'opérations chirurgicales exécutées sur des sujets vivants.

Quant à la trépanation du crâne bolivien dont nous venons de parler, elle ne laisse aucun doute sur le but à atteindre : la conservation du cadavre. Elle a été pratiquée sur le pariétal et le frontal par plusieurs incisions faites au moyen d'un instrument métallique tranchant *(tumi)*. La masse encéphalique a été retirée et remplacée par des substances résineuses antiseptiques qui devaient primitivement remplir la totalité de la cavité crânienne. Un premier essai de perforation avait été tenté préalablement sur la moitié droite de l'occipital où une large surface de l'os a été mise à nu. Il est probable que, devant la dureté de l'os en cette partie du crâne, on renonça à l'opération.

Sur d'autres crânes de momies du Pérou et spécialement sur une pièce du Musée de l'Homme rapportée par Vidal Senèze de la vallée de l'Utcubamba, des trépanations post-mortem, ayant vraisemblablement le même but, ont été pratiquées à l'aide d'un véritable trépan en cuivre ou en bronze analogue à ceux encore utilisés en chirurgie crânienne. Sur le pourtour de la partie à enlever, on faisait une série de petits trous, voisins les uns des autres, après quoi il était facile d'effondrer la table externe et le diploé à l'aide d'un poinçon en obsidienne et d'une pince-gouge. Il est probable que ces perforations, situées soit à la base du front, soit à l'occiput, étaient destinées également à vider le crâne ou à y introduire une substance conservatrice. Une fois l'opération terminée, les ouvertures étaient fermées au moyen d'une plaque rectangulaire dont les contours sont parfois restés visibles sur l'os.

Mais si les indigènes des hautes régions andines et surtout ceux de l'époque incasique ont connu et pratiqué diverses méthodes d'embaumement, il semble que, sur les bords du Pacifique, la momification, cependant beaucoup plus généralisée, se soit effectuée presque toujours d'une façon purement naturelle. Toute cette région basse, sableuse et surchauffée est, en effet, privée de toute précipitation atmosphérique. Les quelques cours d'eau qui descendent de la Cordillère n'apportent que peu d'humidité et de fertilité dans les vallées étroites qui restent séparées les unes des autres par de vastes zones absolument désertiques. La constitution du sol, imprégné de sels minéraux, en particulier de salpêtre, a été aussi un facteur important pour la préservation des corps. Il est probable, ainsi qu'on l'a fait observer pour les fameuses nécropoles du Cerro Colorado, que les Indiens ont dû rechercher, hors des vallées plus humides qu'ils habitaient, des zones particulièrement sèches et propices pour y enterrer leurs morts et les préserver plus sûrement. Dans la plupart des cas, comme à Paracas par exemple, ils ont cherché également à prolonger la conservation des momies en multipliant les enveloppes de coton et de vêtements qui formaient une protection plus efficace contre les agents de l'extérieur. Presque toutes les descriptions qui ont été faites par un grand nombre d'archéologues au sujet des méthodes d'embaumement qui auraient été en usage sur la côte du Pérou sont basées sur la seule observation superficielle des momies qui se rencontrent, en général, dans un état admirable de dessication et de conservation. Barrera avait donné, cependant, dans un mémoire publié en 1828, une description de la préparation de certaines momies, basée, semble-t-il, sur des observations plus sérieuses. D'après lui, le cerveau était, dans certains cas, extrait par les narines. Les yeux étaient enlevés et remplacés par des boules de coton et des substances résineuses habilement mises en place de façon à ne pas modifier l'expression du visage. La langue, les poumons et les intestins étaient évacués par une ouverture pratiquée de l'anus au pubis. L'intérieur du corps, ainsi libéré des parties putrescibles, était rempli d'une poudre fine à odeur de térébenthine qui devait être faite de résine de *molle (Schinus molle, Anacordiacée)*, de chaux et de diverses autres substances minérales. On enduisait le visage, les pieds et les mains avec un liquide oléagineux, de couleur jaune, avant de les envelopper abondamment de coton.

Jusqu'ici il y a eu, évidemment, trop peu d'études scientifiques approfondies pour savoir si ces faits sont rigoureusement exacts, tout au moins pour certaines momies d'une région déterminée. De toute façon, il ne semble pas que l'éviscération et l'extraction de la masse encéphalique par les narines aient été souvent pratiquées. Tello l'a observé sous une forme différente pour quelques momies de la grande nécropole du Cerro Colorado. Les viscères, les poumons, le cœur et une grande partie des muscles avaient été enlevés. Pour cette opération, on avait pratiqué des incisions sur le thorax, l'abdomen et les membres. La tête était détachée du corps et la masse encéphalique avait été évacuée par la base du crâne. Certaines parties du corps portaient des traces de brûlure et d'efflorescences salines qui laissent à penser que les cadavres, après avoir été vidés, étaient soumis à l'action du feu et de substances chimiques.

On peut signaler encore les découvertes faites à Punta Pichalo, près de Pisagua, où certaines momies d'adultes et d'enfants étaient peintes en rouge et remplies de terre de cette même couleur. Il peut s'agir ici d'un autre mode de préparation du corps, mais comme aucune observation plus précise ni aucune analyse n'ont été faites, il est difficile pour l'instant de se prononcer. Pour les autres nécropoles de la région de Paracas, de Nazca, de Chancay, d'Ancon, de Pachacamac ou de Trujillo, correspondant aux principales zones de civilisation de la côte péruvienne, et où des milliers de momies ont été mises au jour, il semble bien qu'aucun corps momifié ne porte la moindre trace d'éviscération, de trépanation post-mortem aux fins d'embaumement.

COLOMBIE

La momification qui, dans les Andes et sur la côte du Pacifique, est surtout caractéristique des civilisations indiennes du Pérou et de la Bolivie, a été cependant pratiquée par certains peuples de la Colombie. Les habitants de la côte du golfe du Dàrien, en particulier, connaissaient une méthode d'embaumement assez perfectionnée qui était réservée aux cadavres des chefs. Les viscères étaient enlevés par une ouverture abdominale et les cavités remplies de résines végétales. La dessication était obtenue en mettant le corps au-dessus de foyers émettant d'abondantes fumées. Les momies, enveloppées de coton, étaient conservées soit dans les habitations où elles étaient suspendues dans des hamacs, soit dans des caveaux où on les plaçait dans des cercueils de bois.

Les Chibcha qui, comme les anciens Mexicains, utilisaient différents modes de sépulture selon le genre de mort, momifiaient parfois leurs chefs par ce même procédé. Leurs corps desséchés étaient portés par les guerriers pour les rendre invincibles dans leurs expéditions.

LES MOMIES AZTEQUES

Les anciens peuples du Mexique central, et en particulier les Aztèques, utilisaient plusieurs modes d'ensevelissement, selon le genre de mort. Cependant, la crémation l'emportait de beaucoup sur l'inhumation et la momification. Les noyés, les foudroyés, les hydropiques et les lépreux étaient placés profondément en terre, en position assise. Pour ceux qui étaient morts au combat, on fabriquait une sorte de momie artificielle en pièces de bois avec une représentation de visage. Ce paquet funéraire était brûlé au quatrième jour. Tous ceux qui étaient décédés de mort ordinaire, c'est-à-dire la majorité de la population, étaient incinérés. Cependant, avant la crémation, le corps était exposé et vénéré pendant cinq jours. Pour cela, une conservation temporaire était nécessaire. elle était obtenue par l'action d'une couche de gomme de copal étendue sur le corps et des aromates disposés sur la couche. Le corps du mort était confié à des vieillards qui le lavaient avec une essence aromatique extraite principalement du trèfle et l'entouraient de bandelettes en feuilles d'aloès. Vraisemblablement, les intestins étaient enlevés et remplacés par des substances aromatiques, mais il est impossible de dire par quelles méthodes cette opération était pratiquée. Il était revêtu ensuite du costume distinctif du dieu protecteur de la famille ou de la profession à laquelle il appartenait. Le corps était assis dans une sorte de fauteuil pour y être vénéré.

Une pierre, plus ou moins précieuse selon la classe sociale du mort — une émeraude pour certains chefs et dignitaires — était introduite dans la bouche comme le fut en Europe le sou de Charon. Après l'incinération, cette pierre, qui paraît avoir été considérée comme le cœur du mort, était reprise et conservée.

Un chien rouge, appartenant au défunt, était sacrifié et placé au pied du cadavre. Un masque peint était placé sur le visage du mort et l'on coupait des mèches de cheveux qui étaient gardées en souvenir avec des mèches prélevées le jour de la naissance. Le corps des chefs et de l'empereur étaient également incinérés de cette manière mais au milieu d'imposantes cérémonies. Des dizaines, et même, en certains cas, des centaines d'esclaves étaient sacrifiés pour accompagner le maître dans l'autre monde.

Une intéressante représentation d'une momie de guerrier est donnée dans un codex de la bibliothèque de Florence. Elle montre un cadavre étroitement emmailloté et placé debout, comme l'Osiris des peintures égyptiennes. La face porte un bandeau orné d'une plaque en mosaïque, des oreilles en turquoise, un bâton de nez et des bandes de papier. Le sommet de la tête est décoré de bouts de coton, de plumes et de la bannière du dieu Huitzilopochtli. Aux pieds, se trouvent un chien bleu et des dons pour Mictlantecutli, le dieu du monde souterrain. Une autre peinture montre une momie entourée d'un vêtement de coton et de cordes. La tête est surmontée de la balle de coton, signe distinctif du dieu du monde souterrain, et porte également par-derrière la bannière d'Huitzilopochtli.

Au Michoacan, le cadavre des chefs était lavé avec « des eaux odorantes », recouvert de fins vêtements de lin et d'ornements en pierres précieuses et en or. Il était placé sur un brancard avec un arc et des flèches et l'on sacrifiait sept de ses femmes.

Il semble que dans le sud du Mexique et dans l'Amérique Centrale, la vraie momification était beaucoup plus courante pour les chefs. Dans la région mixtecozapotèque, on a rencontré de grandes nécropoles de momies très bien conservées en position debout, mais généralement dépourvues de tout vêtement. Le musée de l'Homme possède une momie provenant de Comatlan, qui, par contre, est assise dans une position tout à fait identique à celle des momies du Pérou. Il est cependant difficile d'établir quelles ont été les méthodes d'embaumement utilisées par ces populations. Au Guatemala, au Yucatan et sur la côte atlantique du Costa-Rica, les corps des chefs qui devaient être conservés étaient enduits d'une liqueur aromatique à base de copal et très voisine de la térébenthine, qui empêchait la putréfaction.

D'après certains récits anciens, il semble que les Maya pratiquaient parfois l'éviscération. Ils plaçaient les organes internes du mort dans des vases qui étaient offerts aux quatre génies : Kan, Muluc, Ix et Cauac qui soutenaient les cieux. Au Yucatan, les prêtres enlevaient aussi les entrailles des cadavres des chefs et les plaçaient dans des jarres ornées de têtes d'hommes ou d'animaux.

D'après le *Popol Vuh* le livre sacré des Kitché du Guatemala, les Maya auraient aussi placé les cadavres momifiés dans des paquets funéraires connus sous le nom de « Majestés enveloppées ». Avant l'arrivée des momies empaquetées, lors des cérémonies funéraires, les Kitché chantaient le chant avec lequel ils remerciaient le soleil à son apparition.

D'autres peuples d'Amérique, en particulier ceux des Aléoutiennes et de l'Amazonie, ont pratiqué la momification mais d'une façon moins intensive et souvent avec d'autres modes de sépulture, en particulier avec l'exposition sur plate-forme qui pourait être considérée, tout au moins pour l'Asie et l'Amérique, comme le premier essai de conservation du cadavre par dessication.

LES MOMIES DES ALEOUTIENNES

Les procédés de momification utilisés jusqu'à nos jours par les Aléoutiens et diverses tribus de l'île de Vancouver et de l'Alaska doivent être comparés aux coutumes funéraires asiatiques. Chez les habitants des Aléoutiennes, la momification n'était pratiquée que pour les gens fortunés, mais tant pour les femmes que pour les hommes. Le caractère le plus saillant de la préparation des corps était l'éviscération par la région pubienne. A part l'enlèvement des masses graisseuses et le remplissage des corps avec de la mousse et des herbes qui se faisait dans certains cas, on ne peut signaler aucun autre mode spécial de conservation, le climat de ces îles favorisant la dessication sans putréfaction. Le plus souvent, les cadavres ainsi préparés en position assise étaient enveloppés dans des nattes et suspendus au plafond d'un abri sous roche. Parfois, de nombreuses momies étaient rassemblées, également en position assise, placées dans de vastes tombeaux faits de plusieurs planchers de madriers.

Le capitaine Henning nous a donné une intéressante description de la tombe du chef Karkhayahonchak qu'il rencontra dans une caverne de l'île de Kagamale. La momie était revêtue d'une peau de loutre de mer, qui est une marque de distinction chez les Aléoutiens, et enfermée dans une sorte de corbeille recouverte elle-même d'un filet à poissons et d'un filet à oiseaux. Près du mort, il y avait de la vaisselle de bois, des outils en pierre pour le tannage des peaux et des ornements de cheveux.

On retrouve des procédés à peu près semblables chez les Nootka et les Clayskat de l'île de Vancouver, ainsi que chez quelques tribus de la côte de la Colombie britannique et même de l'Alaska. Anciennement, les Tsimshian préparaient aussi les corps de leurs chefs morts. Ils pratiquaient l'éviscération et bourraient les corps avec de fins morceaux de cèdre. Une coutume assez curieuse veut qu'aux Aléoutiennes et à Vancouver les momies jouent le rôle de mascottes pour les chasseurs de baleines qui cherchent à s'approprier un certain nombre de momies pour les dissimuler dans une cachette.

AMERIQUE DU NORD

Les indigènes du sud-est, des États-Unis ont utilisé, pour la conservation de leurs cadavres, jusqu'au début de la colonisation européenne, des méthodes d'embaumement assez spéciales.

En Floride, la conservation des corps était obtenue par dessication lente à la chaleur. On revêtait le cadavre de ses plus beaux vêtements et la momie était placée dans une niche pratiquée à cet effet dans la paroi des murailles.

En Virginie, la momification des cadavres des rois et des chefs procédait d'une technique plus complexe et plus curieuse. D'après Beverley, le corps était tout d'abord écorché. Une incision était faite tout le long du dos et des membres et la peau était enlevée minutieusement, puis trempée dans l'huile pour lui conserver sa souplesse. Les os étaient ensuite débarrassés entièrement des chairs. On conservait cependant les tendons de façon à ce que les os restent bien attachés ensemble. Le squelette ainsi obtenu, après avoir été séché au soleil, était replacé exactement dans sa peau. Pour remplacer les chairs et les viscères enlevés, tous les vides étaient remplis de fin sable blanc. La momie était finalement desséchée lentement à la chaleur et enveloppée de peaux d'animaux.

Le capitaine John Smith, qui voyageait en Virginie au XVIIe siècle, raconte que chez les Algonkin du groupe Powhatan, après la mort, les corps des grands chefs, ornés de tous leurs colliers et ornements, étaient éventrés et desséchés à la fumée. L'intérieur était bourré de petits grains de cuivre, la peau recousue et le cadavre enveloppé soigneusement dans des peaux blanches et fines, roulé dans des nattes et déposé dans la tombe. Les armes et les objets précieux du mort étaient placés à ses pieds dans des corbeilles.

Les Indiens de la Caroline du Nord plaçaient le cadavre des chefs sur un large morceau d'écorce bien exposé au soleil et l'enduisaient avec une poudre rouge vermillon tirée d'une petite racine et mélangée à de la graisse d'ours. Le corps ainsi préparé était recouvert avec l'écorce d'un pin ou d'un cyprès pour le protéger de la pluie et abandonné sur place jusqu'à ce que les chairs s'amollissent suffisamment pour permettre de dégager les os. La chair était minutieusement enlevée et brûlée. Les os étaient enduits d'une substance oléagineuse et conservés dans une boîte en bois qui prenait place dans l'habitation de la famille. Le crâne, qui était l'objet de soins particuliers, était enveloppé dans un tissu en poils d'opossum.

Dans le Kentucky, on a trouvé des momies dans des grottes creusées dans le salpêtre. Ces momies semblent n'avoir subi aucune préparation artificielle. Chacune d'elles était placée entre trois grosses pierres qui la dissimulaient entièrement. Le corps était enveloppé d'un tissu grossier et de peaux de daims. Des ustensiles, des ornements de plumes et de perles avaient été rassemblés dans un coffret de pierre à côté du cadavre. Plusieurs de ces momies naturelles et, entre autres, le corps d'une femme de la grotte du Mammouth étaient remarquablement bien conservés.

En Arizona un grand nombre de momies, qui ne présentent cependant aucun signe de conservation artificielle, ont été rencontrées dans les cavernes des Basket-Makers du nord-est de l'Arizona.

La plupart des corps étaient en position accroupie, enveloppés dans des vêtements et des couvertures de coton. Extérieurement, ces momies se présentaient sous la forme de paquets étroitement serrés par des liens, comme certaines momies du Pérou et de la Bolivie. D'autres, comme celles de Kinboko, étaient prises dans une sorte de mortier ou d'adobe durci qui laissait voir une première enveloppe en vannerie. Dans le Bas-Mimbres, au Nouveau-Mexique méridional, les corps étaient enfermés dans de l'argile rouge avec de grandes pièces de bois perforées sur la face. Dans la Cave Valley, on a utilisé largement les cavernes creusées dans le salpêtre comme lieu de sépulture. les corps qui y furent trouvés avaient été desséchés et conservaient encore de nombreux ornements en paille finement tressée et des vêtements en coton.

Dans les mines de Mesa Verde, les momies découvertes étaient aussi vraisemblablement naturelles, mais les soins avec lesquels les corps étaient disposés montrent que le choix de la sépulture avait été fait dans un but de conservation. Un enfant avait été enseveli en position accroupie dans un linceul de corde et de plumes. Près de lui, deux corps d'adultes complètement momifiés étaient étendus sur des nattes en vannerie. L'une des momies était enroulée dans un filet, la tête coiffée d'un bonnet de peau et les pieds chaussés de mocassins. La tête reposait sur une bille de bois, à proximité d'un récipient en vannerie plein de grains de maïs et d'une cuiller en bois.

Malgré le peu d'importance de la momification en Amazonie comme rite funéraire, il est cependant intéressant de la signaler pour quelques tribus où elle est pratiquée soit avec l'enterrement en urnes, soit avec la surélévation. Ainsi, chez les Coroado du Matto Grosso qui vivent entre les rives du rio de Barrances et celles du rio Grande, les corps momifiés par dessication sont déposés dans de grandes urnes en terre cuite fermées par un couvercle à bouton et qui sont ensuite enfouies, soit dans des puits, soit au pied des grands arbres. Ces momies ont des ressemblances frappantes avec celles du Pérou : elles sont recouvertes de leurs ornements : colliers, bracelets, couronne de plumes multicolores et les bras enserrent étroitement les jambes fléchies et ramenées près du corps. Les jarres dans lesquelles elles sont mises sont semblables à celles d'Égypte et de Byblos.

Nous avons déjà vu, à propos de certaines tribus du Nord-Ouest de l'Amérique de Nord, que l'exposition des cadavres sur plates-formes surélevées était une pratique très voisine de la momification qui en est peut-être dérivée. Les Guarauno de l'embouchure de l'Orénoque préparent de volumineux paquets funéraires qu'ils abandonnent dans la forêt sur des sortes de lit de camp. Les cadavres, étendus sur le dos, sont enveloppés de plusieurs couches de feuilles de palmier.

La dessication des cadavres au moyen de la fumée semble avoir été pratiquée, d'après le récit d'anciens voyageurs, par les Mauhé du rio Madeira, les Jivaro du Haut-Amazone et quelques tribus de la région des rios Negro et Cusicuari. Au sujet de la momification des Jivaro, le père Manuel Gastrucci de Veruazza nous rapporte d'intéressants renseignements. Lorsqu'un membre de la tribu meurt, les parents disposent le cadavre en position assise sur un tréteau quelquefois peu surélevé et le soumettent à l'action d'une violente fumée jusqu'à ce qu'il soit complètement desséché. Ensuite, ils revêtent cette momie de tous ses ornements et l'enterrent dans la case avec des armes et une cruche de « chicha » s'il s'agit d'un hommes, d'instruments de tissage s'il s'agit d'une femme ou d'un bol de lait sorti des seins de la mère s'il s'agit d'un enfant en bas âge.

III

LES XAXOS DES GUANCHES
ET L'AFRIQUE

LES Guanches, anciens habitants (env. 2000 av.
J.-C.) des îles Fortunées (îles des Bienheureux, dont a
parlé Pline l'Ancien, et peut-être Hésiode (env. 700
av. J.-C.) qu'il dénomme îles Gorgones, comme
Pomponius Mela (40 ap. J.-C.) les appelle les
Hespérides, les Canaries d'aujourd'hui), ont pratiqué
l'embaumement, croyant que la décomposition du
corps mettait un terme à l'immortalité de l'âme, et ils
vénéraient un être suprême et invisible. Bien que
leurs techniques diffèrent, quant aux substances
utilisées, le principe est le même que celui des
Égyptiens et il semble que les autochtones de ces îles
l'apprirent lors du périple autour de l'Afrique, de
Nechao III, roi d'Égypte (XXVIᵉ dynastie).

Les momies, appelées *Xaxos,* étaient faites de la
façon suivante : après un lavage, soigneux du corps et
surtout des yeux, oreilles, bouche, doigts, avec de
l'eau saturée de sel marin, on pratiquait une incision
au bas de l'abdomen avec une pierre tranchante
(tabona) et l'on retirait les intestins. Les cavités
étaient alors lavées avec une solution salée très
concentrée et remplies de plantes fraîches aromatiques. On exposait alors le corps soit au soleil ardent,

soit dans des étuves spéciales. Au cours de cette exposition, qui durait une quinzaine de jours, le corps était enduit d'une sorte d'onguent fait de graisse de chèvre, de poudres de plantes odoriférantes, d'écorce de pin, de résine de dragonnier (liliacées) ou de mélèze, de pierre ponce absorbante *(furzes)*, de brai. L'enduit qui était posé sur le corps pouvait être également du bitume formant une couche épaisse de trois à six centimètres. Le quinzième jour, la momie était cousue dans des peaux de chèvre épilées ou non (six ou sept).

Cette méthode était la plus simple. Souvent on la complétait en injectant par l'anus du suc d'euphorbe. Le cerveau était enlevé, on remplissait les cavités de bitume et peut-être de sel marin.

Les momies de femmes étaient généralement placées horizontalement (les bras croisés sur la poitrine, ceux des hommes avaient leurs bras le long du corps) sur des tréteaux de bois dans des grottes inaccessibles et consacrées pour les recevoir. Lorsqu'il s'agissait de rois, la momie était inhumée debout, les reines étaient mises en position assise, les corps étaient appuyés verticalement contre les parois. La Harpe décrivit, au XVIIIe siècle, ces caves sépulcrales qu'il eut le rare privilège de visiter.

Certaines momies guanches, particulièrement soignées, étaient entièrement entourées, par-dessus la couche de peaux de chèvres, de bandelettes de lin disposées d'une façon à peu près semblable à celle des momies égyptiennes. Les bandelettes pouvaient être elles-mêmes recouvertes d'une grande pièce de lin.

Les couteaux qui servaient à faire les incisions étaient des éclats d'obsidienne.

Chez les populations primitives de l'Afrique noire, la momification, comme mode de sépulture, ne semble pas avoir eu beaucoup d'importance. On ne la trouve utilisée, d'une façon générale, pour tous les cadavres, qu'en Haute-Guinée où certaines tribus pratiquaient parallèlement l'exposition sur plates-formes, au Gabon et chez les Baoulé de la Côte-d'Ivoire. Dans d'autres régions de l'Afrique, comme au Congo, au Soudan central, dans la région des Grands Lacs, ainsi que chez les Betsileo et les Antankarana de Madagascar la momification est réservée aux seuls cadavres des chefs.

A Madagascar et dans plusieurs tribus de l'Afrique centrale, les corps sont conservés par simple dessication au feu. Par contre, les populations de la région des Grands Lacs et du Niger connaissent certaines pratiques plus complexes d'embaumement. C'est ainsi que les Songaï conservent les cadavres en les remplissant de miel, comme cela se fait chez les Chinois.

Au Congo, le corps que l'on désirait momifier était soigneusement lavé avec une forte décoction de manioc qui dessèche et blanchit la peau.

Les embaumeurs placent alors le corps dans une position bien spéciale : le visage est tourné vers l'occident, les genoux légèrement pliés, le pied gauche levé en arrière, le bras droit pendant, la main droite fermée, tournée vers l'orient, le bras gauche dirigé vers le couchant, la main gauche ouverte, les doigts écartés et fléchis.

L'abdomen est alors incisé pour que l'on puisse retirer les viscères et le corps est desséché à l'aide d'un feu léger et continu. Lorsque les téguments sont suffisamment blanchis, ils sont enduits d'une couche de terre rouge. On sèche le corps à nouveau et on le recouvre d'étoffes. La momie est enfin recouverte de macoutes cousues.

Dans quelques tribus du Cameroun, certains cadavres de chefs desséchés au feu subissent ensuite une autre opération : les crânes sont décharnés et décorés de peintures. Roscoe a décrit les procédés d'embaumement des rois chez les Baganda qui se rapprochent beaucoup de ceux utilisés par les Égyptiens. Le corps était éventré et les intestins lavés dans la bière. Les viscères étaient ensuite séchés au soleil et replacés dans le corps. Le corps entier était ensuite lavé avec de la bière, puis séché et déposé sur une sorte de lit de bananier. Le corps était enveloppé dans des bandes d'étoffe d'écorce et chaque doigt et chaque orteil étaient séparés. Au bout de cinq mois, la tête était séparée du corps, la mâchoire inférieure enlevée et nettoyée.

D'après Poutrin, chez les populations M'Baka du Congo, les corps sont préalablement embaumés avec des herbes séchées et de la cendre et couchés sur un lit. Chez les Ibibios et les Ibo du Sud-Ouest du Nigeria, on retrouve deux méthodes de momification, toutes deux avec éviscération du cadavre.

Ellis avait déjà attiré l'attention, en 1838, sur le fait que, à Madagascar, s'il n'y avait pas d'embaumement régulier, le corps était cependant conservé pendant un certain temps au moyen d'une grande quantité de gommes aromatiques réduites en poudre.

Grandidier a donné des renseignements plus complets en ce qui concerne les Betsileo qui ouvrent le corps et enlèvent les viscères. Chez les Mérina seuls les corps des souverains et des membres de la famille royale subissaient ce traitement. Les corps ainsi préparés étaient ensevelis dans des tombeaux de pierre.

IV

LES MOMIES D'OCÉANIE

L'OCÉANIE « aux dix mille îles » et l'Australie présentent, sur le plan des arts de la vie quotidienne, une grande originalité. La puissance, la beauté et la diversité des arts appliqués dans ces innombrables îles dispersées dans l'immense espace du Pacifique méridional sont à opposer au caractère minuscule et isolé des communautés humaines qui y ont vécu. Constitué par apports successifs d'hommes partis pour des voyages sans retour, à la découverte du plus grand océan du monde, ce groupe humain si éparpillé et pourrait-on dire « naufragé » a joui néanmoins d'une certaine communauté culturelle. Par-delà des variations d'une île à l'autre, du littoral aux hauts plateaux ou d'une vallée à l'autre, une commune attitude a régné à l'égard des morts, considérés comme jouant un grand rôle dans la vie des vivants.

Le culte des crânes, des ancêtres ou des ennemis, qui est à l'origine de la chasse aux têtes, y a tenu une place prédominante.

Il faut rappeler que l'état de guerre y était chronique, qu'il était associé au cannibalisme et à l'utilisation des os des ennemis pour la fabrication d'hameçons et d'ustensiles utilitaires. Il n'existait, en effet, dans la région, pour reprendre une expression utilisée par l'explorateur anglais Cook à propos des Tahitiens de Polynésie de 1769, « aucune sorte de fer ».

Il est naturel que la pratique la plus courante du traitement du cadavre pour ce culte des crânes ait été la décarnification ou décharnement. L'un des faits les plus typiques, pour l'Océanie, spécialement développé à Mallicola aux Nouvelles-Hébrides, était de reconstituer le corps tout entier et, surtout, les traits du visage du mort par le modelage d'une matière plastique.

Cependant, en divers points, l'embaumement du corps entier et surtout la préparation des têtes avec leur peau, toujours en relation avec le culte des ancêtres, a joué un certain rôle.

La pratique assez spéciale de recueillir les produits de décomposition du cadavre, et même de les mélanger à la nourriture des vivants, se rencontre en Indonésie, en Nouvelle-Guinée et dans les îles voisines, en divers points de la Mélanésie et de la Polynésie. Cette coutume accompagne généralement, surtout dans le Sud, l'éviscération au moyen d'une incision abdominale.

Il est aussi curieux de remarquer que le massage du corps, si couramment utilisé pour les vivants, en Océanie, joue très souvent un rôle dans la préparation des cadavres.

A côté des méthodes courantes utilisées pour préparer les corps, éviscération, incisions, dessication au soleil ou à la fumée, une mention spéciale peut être faite pour les indigènes des monts Rossel, en Nouvelle-Irlande, où les morts étaient conservés sous d'épaisses couches de calcaire corallien, entourés de feuilles et ficelés.

Tous les voyageurs qui ont pu étudier les rites funéraires des habitants des îles Marquises, en Polynésie orientale, sont unanimes à déclarer que les indigènes apportent à l'embaumement « un zèle et un dévouement au-dessus de toute croyance ». Ce sont les parents du défunt qui font subir au cadavre les préparations habituelles, assez simples en réalité, mais longues et fastidieuses.

Louis Rollin, dans son ouvrage sur les îles Marquises, a donné une excellente description de ces pratiques funéraires et des cérémonies nombreuses et compliquées qui les accompagnaient :

« On commençait par revêtir de ses insignes le mort exposé dans son cercueil. Ce cercueil affectait, dans le groupe Nord-Ouest, la forme d'une pirogue *(vaka tupapau)* à arrière carré et à proue aiguë. Deux petits trous de part et d'autre de la proue étaient réservés au passage des cheveux divisés en deux tresses. Dans le groupe Sud-Est, le cercueil ressemblait à une sorte d'auge. La forme pirogue est en relation avec cette croyance que l'âme devait voguer jusqu'à la pointe Kiu-kiu de Hiva-Oa avant de gagner le " havaii ".

« Quand un chef ou un grand prêtre mourait, le feu était interdit pendant sept jours et les guerriers se mettaient en chasse pour ramener des victimes tandis qu'on se dépêchait de préparer toute la " popoi " nécessaire pour vivre pendant la durée du deuil public.

« La première nuit se passait en chants et lamentations coupés de bavardages. Le lendemain, on enveloppait le mort dans une longue pièce de " tapa " *(poou).*

« Le jour suivant, on ornait la case de palmes et de " tapa " *(kahakatu)*.

« Le troisième jour, on installait le cadavre *(pouahu)* pour en commencer la préparation.

« Chaque jour, le corps étendu sur une auge plate *(papa tapapau)* était placé sur un " paepae " en plein soleil. La nuit, on le frictionnait avec du " pani " *(hakapaa)*. A la longue, on obtenait ainsi une sorte de momification, surtout chez les individus maigres. Pendant ce temps, les fêtes et repas rituels se succédaient.

« Il y avait trois fêtes : la fête de la faim *(koioke)*, le " vai hopu " où figuraient des victimes humaines dans les cas particuliers qui en nécessitaient, enfin le " uupua ".

« Lorsqu'il s'agissait de déifier un " hakaiki nui ", un " taua ", ou un " tuhuka ooko ", on célébrait à certains intervalles neuf fêtes toutes accompagnées de sept à dix victimes humaines *(menava haanoho, tiahahati, vaikaikau, vaimata, haoka, menava tu, ikihae, tahioa, kahekaika)* et au cours desquelles avaient lieu les repas rituels *(mau tupapau)*. Le mort présidait ces repas pendant lesquels on s'ingurgitait copieusement cochons, popoi et kava. La gaieté n'en était pas exempte puisqu'il était entendu que le défunt ne perdait rien du sel des propos tenus. On lui donnait, du reste, sa part de nourriture comme il se doit à un hôte qu'il convient d'honorer.

« Quand le corps était momifié, on le plaçait dans son " vaka tupapau " sur un " hataa " spécial, couvert d'un toit et soigneusement clos, sauf une ouverture par laquelle on introduisait la nourriture offerte chaque jour. Il reposait là avec ses armes et ornements familiers. Plus tard, quand le " haé vaka " tombait en ruine, on transportait le cercueil et son contenu dans une grotte de la falaise, après avoir eu soin de prélever les ossements utiles à la fabrication de certains ornements (manches d'éventail, " poo ", pour cheveux et cordelettes, etc.).

« Les Marquisiens avaient certains principes d'hygiène. C'est ainsi que tout ce qui avait approché le défunt pendant sa dernière maladie était brûlé, quelquefois même la maison. »

TAHITI

L'embaumement en Tahiti était le privilège des chefs. Pour les autres classes de la société, les pratiques de conservation étaient trop onéreuses et on se contentait de déposer le cadavre, enveloppé de pièces de tissus, dans une sorte de bière jusqu'au moment des funérailles. D'après la relation d'Ellis, le cadavre des chefs était placé dans une bière et conservé dans une hutte spécialement construite pour cet usage. Préalablement, il était séché au soleil, frotté d'huile, et les liquides internes étaient évacués par pression des différentes parties. Parfois, les viscères étaient enlevés; le corps était placé en position assise durant le jour et horizontalement la nuit. Il était fréquemment retourné et l'intérieur était bourré d'étoffes, saturées d'huiles parfumées qui étaient aussi injectées en d'autres parties du corps et qui servaient à des frictions externes. La momie était alors vêtue et placée définitivement en position assise. Un autel était dressé devant elle et chaque jour les parents et les prêtres payés pour lui donner des soins apportaient des offrandes de nourritures, de boissons et de fleurs. Au bout de quelques mois, lorsque la momie présentait des signes de destruction, le crâne était emporté par les parents et les autres os étaient enterrés dans l'enceinte du temple familial.

Bougainville, dans son *Voyage autour du monde par la frégate* La Boudeuse *et la flûte* L'Étoile, paru à Paris en 1771, rapportait :

« ... Les Taïtiens conservent longtemps des corps étendus sur une espèce d'échafaud que couvre un hangar appelé " Toupapou ". L'infection qu'ils répandent n'empêche pas les femmes d'aller pleurer auprès des corps pendant une partie du jour, et d'oindre d'huile de coco les froides reliques de leur affection. Celles dont nous étions connus nous ont laissé quelquefois approcher de ce lieu consacré aux mânes : " Emoe (il dort) ", nous disaient-elles. Lorsqu'il ne reste plus que les squelettes, on les transporte dans la maison, et j'ignore combien de temps on les y conserve. Je sais seulement, parce que je l'ai vu, qu'alors un homme considéré dans la nation vient y exercer son ministère sacré, et que, dans ces lugubres cérémonies, il porte des ornements assez recherchés. On porte le deuil : celui des pères est fort long; les femmes portent aussi celui des maris, sans que ceux-ci leur rendent la pareille. Les marques de deuil sont de porter sur la tête une coiffure de plumes dont la couleur est consacrée à la mort, et de se couvrir le visage d'un voile. Quand les gens sortent de leurs maisons, ils sont précédés de plusieurs esclaves qui battent des castagnettes d'une certaine manière; leur son lugubre avertit tout le monde de se ranger, soit qu'on respecte la douleur des gens en deuil, soit qu'on craigne leur approche comme sinistre et malencontreuse... »

De Bovis indique également que les viscères étaient enlevés des corps qui étaient ensuite lavés à l'eau de mer et avec des sucs odorants et de l'huile de coco. Les cadavres étaient ensuite remplis d'étoffes.

NOUVELLE-CALEDONIE

Les habitants de la Nouvelle-Calédonie ont utilisé plusieurs modes de sépulture qui appartiennent à des civilisations fort différentes : exposition des cadavres dans des grottes ou des fentes de rochers, exposition en plein air sur les montagnes ou dans la forêt, exposition sur des plates-formes, dépôt dans des troncs d'arbres creusés en forme de pirogues, inhumation avec la tête hors du sol, dépôt dans une hutte, enfumage et momification. Il est certain que ces différentes pratiques funéraires ont été apportées par des vagues culturelles successives, mais il est difficile de déterminer quelles étaient, parmi ces coutumes, celles des premiers indigènes et à quelle époque sont arrivées les autres.

Le transport des cadavres dans des grottes ou des fentes de rochers paraît être cependant la plus primitive. Le dépôt dans une pirogue est une coutume aussi primitive mais qui, en Nouvelle-Calédonie, a dû être introduite de la Polynésie, à une époque relativement récente. L'enterrement avec la tête sortant du sol peut être une transformation d'un ancien type de sépulture australien où les cadavres étaient déposés en tas dans une fosse. Les Néo-Calédoniens qui ont, à un haut degré, la crainte et le culte des crânes, pouvaient ainsi détacher la tête un certain temps après l'inhumation et la déposer sur l'autel des crânes.

Cependant, contrairement à ce que l'on trouve dans d'autres îles de l'Océanie, à cause précisément de la crainte des indigènes d'être en contact avec un cadavre, la décoration du crâne et la reconstitution du visage du mort par modelage, peinture ou gravure étaient peu répandus en Nouvelle-Calédonie. Lambert a noté que dans les grandes cérémonies, pour appeler les tempêtes, par exemple, les crânes étaient peints en noir et couverts d'une coiffure ornée de plumes.

Quant à la momification, privilège réservé aux chefs, elle a pu venir de Polynésie et surtout d'Australie, ou des îles du détroit de Torrès. Il est vrai que la plupart des mentions concernant les momies de Nouvelle-Calédonie s'appliquent aux corps déposés dans les cavernes et qui se sont desséchés et conservés naturellement. Cependant, Glaumont parle de la préparation des cadavres des chefs, soit par simple enfumage, soit par un véritable embaumement. Les faits qu'il rapporte à ce sujet ont été observés vers 1880 chez des indigènes de l'intérieur et à Belep. Aussitôt après la mort, on pratiquait des incisions dans le corps, peut-être en vue de l'éviscération, et on le frictionnait avec du jus de plantes destiné à arrêter la décomposition. Ainsi préparé et maintenu en position accroupie, il était séché au moyen de la fumée et revêtu de ses plus beaux vêtements. Le visage était peint en noir et rouge. La momie était alors transportée dans une hutte fermée qui demeurait tabou pour un temps illimité. On a rapporté aussi que le corps du chef ainsi embaumé était hissé par un trou sur le sommet de la hutte où il restait exposé. Cela a pu, en effet, être pratiqué anciennement car les Canaques ont conservé l'habitude rituelle de sculpter en bois des « portraits » du mort, de l'ancêtre, qui sont exposés en divers endroits de la case : faîte, mascaron, chambranle, dans le but de marquer la communion permanente qui existe entre l'aïeul et ses descendants.

Vincent a signalé que si, anciennement, les chefs seuls étaient embaumés, à la fin du siècle dernier d'autres personnes, après leur mort, pouvaient être conservées de cette façon. Ainsi une femme de Toullo, qui n'appartenait pas à une famille de chefs, conservait, dans une hutte spéciale, le corps de son fils momifié. D'après les quelques documents qui ont été trouvés en divers points de l'île, il semble que les corps momifiés, avant d'être placés dans la hutte ou dans la caverne, étaient déposés dans de grands paniers à claire-voie qui permettaient peut-être de les suspendre. Le professeur Lehnhardt a rencontré, dans une grotte, des momies en position accroupie qui étaient enveloppées dans un sac épais, en fibres végétales tissées, qui ne laissaient apparaître que le visage par une ouverture rectangulaire. Ce type d'enveloppement se rapproche d'une façon extraordinaire de celui utilisé dans certaines régions des hauts plateaux du Pérou et de la Bolivie où nous retrouvons le sac en fibres végétales épousant étroitement le corps replié de la momie et la petite ouverture rectangulaire qui laisse le visage découvert.

ILES SALOMON ET NOUVELLES-HEBRIDES

La momification des corps entiers ne semble pas avoir existé dans les îles Salomon et les Nouvelles-Hébrides mais on y trouve des coutumes très curieuses liées étroitement aux pratiques de l'embaumement.

Ainsi, la tête du mort est, comme en Nouvelle-Zélande, détachée du corps et desséchée au moyen de la fumée. Aux Nouvelles-Hébrides, on ne conserve que le crâne sur lequel on reconstitue le visage du mort en modelant une matière plastique. A côté, on fabrique un mannequin à l'image du mort, avec des morceaux de bambou assemblés avec une sorte d'étoupe faite de fibres de coco et de l'argile. Ce mannequin est recouvert de peintures polychromes et, dans le cas de la mort simultanée du père et du fils, ou du mari et de la femme, on fixe sur l'épaule la tête du fils, ou de l'épouse. Les crânes-masques sont peints de couleurs vives, en noir et blanc, ou rouge et vert et donnent souvent une expression très vivante du mort. Les corps modelés, par contre, sont assez conventionnels, surtout en ce qui concerne les membres.

Tous les soins des artistes vont à la décoration du crâne, considéré comme le siège de l'âme.

ILES SAMOA

Dans les îles Samoa, les corps étaient ouverts et les viscères enlevés. On leur faisait subir alors une macération de deux mois dans un bain d'huile de coco mélangée à des sucs végétaux semblables à ceux utilisés dans l'Inde.

Les cavités étaient ensuite remplies de chiffons et d'étoupes imbibés d'huiles végétales et de corps résineux.

ILES DU DETROIT DE TORRES

Les méthodes indonésiennes de conservation des cadavres se sont étendues, sans aucun doute, par la Nouvelle-Guinée jusqu'aux îles du détroit de Torrès où on a pu les observer sous une forme très développée.

Bien qu'en général, dans toutes ces îles, on conserve les têtes des morts, dans l'île de Darnley, c'est le corps entier qui est momifié et attaché debout à un échafaudage en échelle. Ces momies ont été éviscérées par une large ouverture pratiquée sur le côté et ultérieurement suturée. La peau est rigide et couverte d'ocre rouge.

Le capitaine Lemaître qui rapporta, à Londres, en 1872, une momie de l'île de Darnley, dit qu'il la trouva dans un tombeau consistant en une haute case de paille et de bambou, de forme ronde, où elle était exposée debout sur une sorte de brancard. Le corps était peint en rouge, et la chevelure en noir. Les orbites étaient remplies d'une substance plastique, vraisemblablement une gomme végétale, où était incrustée une plaque de nacre fusiforme, perforée au centre et simulant les yeux. Les narines avaient été distendues et, dans le flanc droit, il y avait une incision longitudinale, d'environ neuf centimètres de long, entre la dernière côte et la crête iliaque. Cette incision avait été refermée par une suture interrompue. Les viscères pelviens, abdominaux et thoraciques avaient été évacués et remplacés par quatre morceaux de bois tendre.

Très longtemps après la mort et la préparation du cadavre, ce dernier, placé dans la hutte funéraire, est l'objet de soins attentifs de la part de la veuve qui, périodiquement, l'enduit d'ocre rouge et d'huile de coco.

Le Musée ethnographique de Berlin possède deux momies d'enfants provenant de l'île de Stephen. L'une est une fillette de quelques jours et le corps est entièrement peint en rouge, sauf le front et les orbites qui sont noirs. L'autre momie, une fillette de deux à trois ans, porte l'incision habituelle, mais sur le côté gauche.

Jukes, en 1845, observa sur les genoux d'une femme de l'île de Darnley le corps d'un enfant de quelques mois, mort depuis peu de temps. Il était étendu sur un brancard à échelons et enduit d'une épaisse couche d'ocre rouge.

Divers auteurs, et en particulier Myers et Haddon, ont donné de précieux renseignements au sujet des cérémonies funéraires au cours desquelles étaient préparés les corps dans l'île de Darnley. Aussitôt après la mort, le cadavre était allongé sur une natte placée à même le sol, devant la maison. Les bras étaient placés le long du corps, les gros orteils attachés ensemble par une cordelette, les poils du visage et de la tête coupés et jetés. Le nez était moulé dans un morceau de cire qui était conservé par la famille pour la fabrication d'un masque à l'usage du mort. Le corps était alors transporté sur un brancard de bois supporté par quatre piquets, à peu de distance de la maison. Au bout de deux ou trois jours, lorsque la peau commençait à se détacher, le brancard était porté au bord de la mer, dans un petit canot. L'épiderme était frotté et on pratiquait une incision sur un côté de l'abdomen au moyen d'un coquillage tranchant et on extrayait les viscères. La cavité abdominale était alors remplie de morceaux de palmier *Nipa,* les viscères étaient jetés à la mer et l'incision refermée avec un fin fil de pêche. Avec une flèche, on enlevait le cerveau en partie par le *foramen magnum,* en partie par une fente pratiquée au fond des fosses nasales. La dure-mère était coupée et la pie-mère retirée.

Le corps était transporté ensuite dans une autre partie de l'île, placé en position assise sur une pierre et peint entièrement avec un mélange de terre rouge et d'eau de mer. Le corps était à nouveau étendu sur le brancard et on liait la tête et les membres. Un bâton était fixé à la mâchoire inférieure pour la soutenir. Le brancard était dressé verticalement, attaché à deux poteaux plantés à l'arrière de la maison et protégé par un écran de feuilles de cocotier. Finalement, le corps était frotté doucement, des trous étaient faits dans la peau avec une pointe de flèche pour l'écoulement du liquide interne et un feu était allumé le long du cadavre pour le faire gonfler et le dessécher.

Selon un autre informateur, vers le dixième jour après la mort, quand les mains et les pieds ont commencé à sécher, les parents enlèvent la peau des paumes des mains et des plantes des pieds avec un couteau en bambou, arrachent les ongles et coupent la langue du mort. Cette dernière est mise dans une boîte en bambou où elle se dessèche peu à peu avant d'être portée par la veuve.

ILE DE BORNEO

Les habitants de l'île de Bornéo pratiquaient un embaumement semblable en tous points à celui de l'Inde. Seules, les substances conservatrices différaient un peu : c'était le camphre de Bornéo, la noix d'arec, la poudre de bois d'aloès, le musc.

AUSTRALIE

Du détroit de Torrès, ainsi que Frager, Flower, Roth et d'autres l'ont mis en évidence, la pratique de la momification s'est étendue à diverses régions d'Australie. Cependant, nous assistons là à des rites funéraires et des méthodes de préparation des corps quelque peu différentes. La dessication des corps par exposition au feu et à la fumée était la pratique la plus courante en Australie.

Sur la côte Est du Queensland, face à la mer de Corail, de Cookstown au nord, à Townsville au sud, la momification se faisait de la façon suivante :

Le corps était d'abord enterré sans préparation, pendant quelques jours, puis exhumé. Par suite de l'action de la putréfaction, les cheveux et la peau pouvaient être arrachés facilement. Le corps était alors ouvert et placé sur gril au-dessus d'un feu qui le desséchait lentement tout en l'enfumant. La graisse et les humeurs qui sourdaient du corps étaient recueillies par les femmes qui s'en enduisaient leur chevelure, confectionnaient des touffes qu'elles coupaient plus tard et servaient à confectionner des colliers dont elles se paraient. La dessication du corps obtenue, celui-ci était entouré de lianes et d'écorces de façon que les membres fussent en flexion forcée. Il était alors mis dans un linceul.

Les corps ainsi préparés étaient alors enterrés ou placés sur des arbres. Parfois, ils étaient également conservés pendant plusieurs mois dans la hutte familiale et accompagnaient la famille dans tous ses déplacements.

Il semble que les cadavres étaient aussi, dans quelques cas, éviscérés et peints en rouge. Les incisions se faisaient indifféremment, comme dans les îles du détroit de Torrès, soit sur le flanc droit, soit sur le flanc gauche. Mais le trait le plus caractéristique dans l'embaumement australien, et qui ne se retrouve pas dans les îles du détroit de Torrès, est la position toujours accroupie donnée au corps.

NOUVELLE-ZELANDE

L'embaumement était rarement pratiqué en Nouvelle-Zélande et les méthodes y étaient très voisines de celles utilisées en Australie et en d'autres îles d'Océanie.

Les parties molles étaient extraites et la chair frottée d'huile ou de sel. Le corps était séché simplement au soleil ou au-dessus d'un feu et d'abondantes fumées. La momie ainsi préparée, en position accroupie, comme en Australie, était enveloppée dans une pièce d'étoffe et dissimulée. En général, chez les Maori, les cadavres n'étaient pas embaumés, mais un certain temps après la mort, on procédait au nettoyage des os qui étaient conservés et dissimulés dans des troncs d'arbres, des cavernes ou des fentes de rochers. Quelques os étaient prélevés pour fabriquer des statuettes et des flûtes. Les os des chefs et des membres de leur famille étaient parfois déposés dans des coffrets funéraires en bois sculptés et peints qui, eux-mêmes, étaient placés dans des cavernes.

V

LES MOMIES D'ORIENT

IL ne semble pas qu'en Asie la momification ait
joué un très grand rôle. De toute façon, ce mode
d'ensevelissement est certainement ancien et a pré-
cédé l'incinération qui s'est répandue presque partout
mais dont le principal foyer est l'Inde. Les brahma-
nistes incinèrent les cadavres et leur plus grand désir
est de voir leurs cendres jetées dans le Gange. Le
bouddhisme, parti de l'Inde, a apporté aussi partout
avec lui l'incinération. Cependant, dans certaines
régions actuellement acquises au bouddhisme, les
anciens modes de sépulture ont subsisté pour diverses
classes de la population. Parfois, l'incinération est
utilisée simultanément avec d'autres pratiques. Chez
les Ao, Konya et autres Tibéto-Birmans du nord de la
Birmanie, ainsi que chez les Tchin Siyin de la
Birmanie occidentale, la surélévation sur plate-forme
est associée à la dessication par la fumée. La
sépulture la plus commune au Tibet est l'abandon du
cadavre et, cependant, pour certains prêtres et hauts
dignitaires, on a recours à la momification. Dans
d'autres régions, l'ignition du cadavre a lieu tardive-
ment et est précédée par une momification temporaire.

Il est intéressant de noter que chez les Ainou de l'île Sakhaline, nous trouvons des pratiques de momification à peu près identiques à celles en usage aux îles Aléoutiennes et en Alaska. Il y a également éviscération, mais avec cette différence que l'opération se fait par l'anus. Le cadavre des chefs de tribus ou de villages est placé sur une sorte de table près de la porte de l'habitation et, après extraction des entrailles, il est lavé chaque jour, pendant douze mois, par une proche parente. La dessication se fait par la simple exposition au soleil.

PROCHE-ORIENT

Les embaumements ne furent pas pratiqués, dans le Proche-Orient, dès les origines. La clémence du climat, la sécheresse du sol favorisaient la conservation naturelle des corps; la proximité de l'Égypte, les guerres, les conquêtes, le mélange des populations permirent aux Israélites d'apprendre les méthodes égyptiennes et cependant la momification resta exceptionnelle.

Le culte des morts a toujours été scrupuleusement respecté par les Hébreux; le soin apporté aux tombeaux en témoigne et l'on trouve, en Syrie, comme dans de nombreux pays méditerranéens, des vases mortuaires contenant des ossements. Il s'agit là d'inhumations secondaires semblables à celles de l'Égypte de la période prédynastique. Les vases, profondément enfouis et retrouvés à Mari, près d'Aboukemal, sur les rives de l'Euphrate par la mission du Louvre en 1937, datent de 4000 avant

Jésus-Christ. Ces inhumations furent continuées par les Chaldéo-Assyriens.

Les Hébreux apprirent l'art d'embaumer les corps au cours de leurs différents séjours en Égypte dont le premier date de 2200-1500 avant Jésus-Christ, avec l'arrivée des rois pasteurs Hyksos. C'est à cette époque que Joseph s'installa à Goshen ou Gessen près de la ville fortifiée d'Avaris. Mais c'est beaucoup plus tard que s'effectua l'exode en masse des Hébreux vers la Terre Promise. Bien que l'on n'en connaisse pas la date exacte, il est traditionnel d'admettre que la persécution des Juifs commença sous Ramsès II et que le passage de la mer Rouge s'effectua sous Menephtah. Certains historiens font remonter le début de l'oppression à Thoutmès III et la fin de l'exode à Aménophis III (XVIIIᵉ dynastie, 1580-1200 avant Jésus-Christ).

Au cours de l'occupation de la Palestine par les Égyptiens, les Hébreux purent voir les techniques utilisées par les vainqueurs. Lorsque Aménophis II eut rejeté les armées asiatiques des Hyksos et qu'il eut atteint Ninive, il ordonna l'embaumement des sept princes tués à Takhis. Durant le voyage triomphal qu'il fit à son retour, les sept momies pendaient à l'avant du bateau qui le reçut aux bouches du Nil, six d'entre elles furent suspendues à une porte de Thèbes et la septième fut attachée aux créneaux des murailles de Napata, en Éthiopie, comme exemple de châtiment. Rentrés en Palestine, les Hébreux continuèrent à pratiquer des embaumements et construisirent des tombeaux dans le flanc des montagnes selon la mode pharaonique.

D'architecture beaucoup plus simple, ils n'en renfermaient pas moins des trésors inestimables comme ceux d'Hélène, reine des Adiabéniens dont parlent Flavius Josèphe et saint Jérôme, de David, du grand prêtre Hyrcan, de Jérusalem; des Macchabées et de Salomon.

Les Hébreux, dont les règles religieuses funéraires étaient sévères, prenaient un plus grand soin du lavage des morts que de l'embaumement lui-même. La bouche et les yeux étaient soigneusement fermés. Le corps était entièrement rasé et lavé à l'eau pure ou aromatisée. On le frottait avec des parfums dont les plus courants étaient la myrrhe et la poudre de bois d'aloès. Les rois étaient embaumés avec de la cire, du miel, du bitume de Judée et des aromates. On liait les membres avec des bandelettes, le corps était mis dans des linceuls, un fin voile recouvrant le visage et il était placé dans un sépulcre.

On trouve dans les Écritures quelques détails sur l'embaumement. Les premiers en date concernent la résurrection de Lazare. Lorsque Jésus eut fait ôter la pierre tombale, c'est-à-dire celle qui recouvrait directement le corps et non la pierre ronde qui fermait les tombeaux en Asie Mineure et qu'il eut prononcé l'ordre divin : « Lazare, sors », saint Jean (XI, 44) nous dit : « Et aussitôt sortit celui qui avait été mort, lié aux pieds et aux mains de bandelettes et le visage enveloppé d'un suaire. » L'usage des linges funéraires est surabondamment prouvé par les paroles de Jésus : « Déliez-le et laissez-le aller. » Mais c'est à propos de l'ensevelissement même de Jésus que l'on trouve le plus de précisions.

Lorsque Jésus fut descendu de la Croix et que Joseph d'Arimathie eut pu prendre possession de son corps, « vint aussi Nicodème qui était d'abord venu trouver Jésus pendant la nuit; il apportait une composition de myrrhe et d'aloès d'environ cent livres. Ils prirent donc le corps de Jésus et l'enveloppèrent dans des linges avec des parfums comme les Juifs ont coutume d'ensevelir ». (Saint Jean, XIX, 10.) Dans la Sainte Bible du père Crampon on lit (saint Jean, XIX, 40 : « Ils prirent donc le corps de Jésus et l'entourèrent de bandelettes avec les aromates selon la manière d'ensevelir en usage chez les Juifs. »

Le corps fut déposé dans le sépulcre neuf de Joseph d'Arimathie, creusé dans le roc, et une grande pierre fut roulée à l'entrée (saint Matthieu, XXVII, 60).

« Or, le premier jour de la semaine, au matin, quand les ténèbres duraient encore, Marie-Madeleine vint au tombeau... Pierre [Simon-Pierre] qui le [saint Jean l'Évangéliste] suivait vint aussi et entra dans le sépulcre et vit les linges posés à terre et le suaire qui couvrait sa tête, non point avec les linges, mais plié dans un lieu à part. » (Saint Jean, XX, 1 et suivants.) Tandis que saint Luc (XXIV, 12) indique que « Pierre partit et courut au sépulcre et, se penchant, il vit les bandelettes seules... »

Saint Marc, dans son Évangile, ne parle pas d'une préparation immédiate du corps de Jésus avec des parfums. Il indique simplement qu'il fut enveloppé dans un linceul et « lorsque le sabbat fut passé, Marie-Madeleine, Marie, mère de Jacques, et Salomé achetèrent des parfums pour venir embaumer Jésus » (XVI, 1). Saint Luc donne l'explication de cette apparente contradiction : « Et l'ayant détaché de la croix, il [Joseph d'Arimathie] l'enveloppa dans un linceul et le mit dans un sépulcre taillé dans le roc où personne n'avait encore été mis. Or, c'était le jour de la préparation et le Sabbat allait commencer. Les femmes, qui étaient venues de la Galilée avec Jésus ayant suivi Joseph, virent le sépulcre et comment le corps de Jésus y avait été mis. Et, s'en retournant, elles préparèrent des aromates et des parfums; et, pendant le Sabbat, elles demeurèrent en repos selon la loi. Mais le premier jour de la semaine, elles vinrent de grand matin au sépulcre, apportant les parfums qu'elles avaient préparés et elles trouvèrent la pierre ôtée du sépulcre, (XXIII, 53 et suivants, XXIV, 1 et suivants.)

Il semble donc qu'en réalité des parfums avaient été achetés et employés une première fois mais qu'étant en quantité jugée insuffisante, elles en apportèrent à nouveau.

Le suaire dont parle saint Jean, qui couvrait la tête du Christ et qui, précise l'Évangéliste, était différent des autres linges qui recouvraient le corps est conservé à Turin. On le nomme le Saint Suaire de Turin.

Il en existe d'autres vénérés à Constantinople, à Compiègne, à Besançon, à Cadouin. Ce dernier est une pièce d'étoffe, entière, de 2,81 m de long sur 1,13 m de large présentant une lisière sur la largeur et une bordure rouge sur la longueur. Ils représentent les divers linges sépulcraux entourant le corps du Christ directement enveloppé dans le Saint Suaire.

Cette multiplicité n'a rien d'étonnant et nous verrons combien les linceuls employés par les Égyptiens étaient nombreux, d'autant plus que saint Jean précise que les saintes femmes utilisèrent un mélange de poudre de myrrhe et d'aloès de cent livres, c'est-à-dire trente-deux kilos, alors que quatre à cinq livres auraient été suffisantes. Cette abondance de parfums indique que le corps de Jésus a été surabondamment enrobé de poudres aromatiques d'où la nécessité de nombreux et grands linceuls pour les contenir. D'ailleurs il semble bien d'après saint Jean (XX) qu'il y eut deux linges funèbres, le linceul ou *sindôn* et le suaire ou *soudarion* placé directement sur le visage et le corps. Ces deux linges furent à leur tour entourés de bandelettes, comme pour le cadavre de Lazare.

Le Saint Suaire de Turin, celui qui devait couvrir directement le corps et le visage du Christ, diffère des précédents par l'existence de traces colorées admirables qui révèlent des traits humains d'une expression divine.

C'est une pièce de serge de lin à arête de poisson, blanche, le linceul blanc, dont parle saint Matthieu (XXVII, 59), de 1,10 m de large et de 4,36 m de long, présentant deux silhouettes humaines : l'une correspondant à la face postérieure, l'autre à la face antérieure du corps.

Ces silhouettes sont dues à des ombres et à des demi-teintes rousses, brunâtres, assez floues, portant des taches carmin-brun dont l'aspect, la forme et l'emplacement correspondent à des traces de sang s'écoulant de blessures faites sur le front par une couronne d'épines et sur le dos et les jambes par une flagellation.

Le Saint Suaire de Turin a été l'objet de nombreuses controverses. On a prétendu qu'il s'agissait d'une peinture. L'étude photographique, qui a pu être pratiquée, montra qu'il ne s'agissait pas d'appositions de couleurs mais d'impressions, d'empreintes tinctoriales. Les marques dessinant le corps humain, telles qu'on les observe à la vision ordinaire, sont le négatif de ces empreintes et leur photographie les fait apparaître comme le positif sur lequel l'expression physionomique prend un caractère devant lequel on reste émerveillé interdit et ému.

La production de ces empreintes reste tout aussi stupéfiante que leurs caractères. On sait maintenant que l'ammoniac en vapeurs, répandu sur un linge de toile ou de lin frotté avec de la poudre du bois d'aloès ou agalloche se recouvre d'impressions ayant une coloration voisine de celles qu'offre le Saint Suaire. Les empreintes de mains furent reproduites par M. Vignon avec de la poudre de myrrhe et d'aloès. On peut donc admettre que le Saint Suaire, préparé comme il est dit dans les Écritures, a été soumis à l'action des vapeurs ammoniacales provenant à la fois de l'urée contenue dans les sueurs froides qui ont perlé sur le corps du Christ au cours du supplice de la Crucifixion et d'une putréfaction commençante. Les Saintes Écritures n'indiquent nullement qu'un lavage et qu'un ondoiement du corps du Christ aient été pratiqués, pas plus que la pose directe de bandelettes sur les téguments, conditions qui, avec une putréfaction avancée, empêchent le phénomène tinctorial de se développer.

D'aucuns ont même prétendu que le Saint Suaire est l'œuvre d'un faussaire qui prépara un linceul comme il a été dit et en entoura le corps d'un cadavre banal. Il suffit d'observer l'expression fascinante du visage que porte le Saint Suaire de Turin pour se rendre compte que ce ne peut être là œuvre humaine.

PERSE

La conquête de l'Égypte par les Perses (525 av. J.-C.), l'existence de conditions climatériques et géologiques analogues à celles de ce pays, permirent les pratiques de l'embaumement sur le mode égyptien.

A côté des corps momifiés naturellement dans les sables chauds des déserts, comme celui de Khorassan, on trouve, en Perse, des momies artificielles semblables à celles d'Égypte.

Des procédés analogues furent employés dans

l'ancienne Scythie, cette région mi-européenne, mi-asiatique.

Si le roi avait, seul, le droit d'inhumation dans un tombeau, les autres cadavres étaient enrobés de cire et exposés sur ces hautes tours du silence où ils étaient la proie des oiseaux rapaces.

Hérodote (*L'Enquête,* IV) nous dit que les Scythes, vivant dans le nord de la Thrau, préparaient les corps de leurs rois en les enrobant de cire. L'abdomen était ouvert, nettoyé, rempli de branchages, de parfums, de grains d'anis et de céleri sauvage, puis recousu.

La religion prêchée par Zoroastre et définitivement fixée au cours des VIIe et VIe siècles avant J.-C., comme en témoigne l'*Avesta,* ne permettait pas une conservation prolongée des corps considérés, dès la mort, comme des démons.

Les coutumes funéraires musulmanes en Perse ont continué à subir l'influence des pratiques égyptiennes du début de l'ère chrétienne. Lorsque les cadavres doivent être ensevelis, ils sont déposés dans des cercueils de bois remplis de sel, de chaux et de substances odorantes destinées à assurer leur conservation.

INDE

Les anciens Indous procédaient de façon à peu près analogue. On sait que l'embaumement du corps était mieux fait et qu'ils employaient un grand nombre de substances balsamiques dont la noix d'arec, la chaux, le bois d'aloès, le musc, l'essence de santal et le camphre de Bornéo.

D'après le capitaine Lewins, dans les clans Dhun et Khorn de l'Inde sud-orientale, les corps des défunts sont placés dans un cercueil fait d'un tronc d'arbre évidé, exposé sur une plate-forme élevée, où ils sont séchés au soleil. Une fois desséchés, les corps sont tassés dans des urnes de terre cuite et enterrés. La tête, préalablement coupée, est conservée à part. Dans un autre clan de cette même région, les cadavres sont enduits de miel et exposés sur une plate-forme sous laquelle un feu est entretenu jusqu'à dessication complète. les corps ainsi momifiés sont conservés pendant six mois, puis ensevelis. Même de nos jours, de nombreux ordres d'ascètes hindous continuent à conserver les cadavres, même ensevelis, dans du sel. Les anciens Aryens avaient coutume d'éventrer les cadavres et de les remplir avec du *ghec* pour les conserver.

BIRMANIE

D'après un récit du capitaine Cook, les cadavres des prêtres birmans, avant d'être brûlés, subissaient un véritable embaumement. Les entrailles étaient enlevées quelques heures après la mort, par une incision pratiquée dans la région stomacale. La cavité était remplie de miel et d'épices et l'ouverture suturée. Le corps entier était enrobé dans une mince couche de substance résineuse appelée *dhamma,* et de cire sur laquelle étaient fixées des feuilles d'or qui donnaient au mort l'apparence d'une statue de Bouddha. La momie, étendue sur un brancard de bambou, restait ainsi exposée à la vénération du peuple pendant plus d'un mois, puis était livrée aux flammes.

Une autre méthode, moins commune, était utilisée

en Birmanie. Le corps était peu à peu vidé de ses substances fluides par de fortes pressions exercées au moyen de bambous creux passés à travers la plante des pieds sur les jambes et dans le corps.

TIBET

Sur les hauts plateaux du Tibet, les cadavres sont généralement abandonnés sans sépulture à la dent des chiens et des animaux sauvages. On rencontre des corps de lamas parfaitement momifiés sous l'action des vents rudes et froids qui soufflent dans ces régions. Ils n'ont subi aucune préparation : une déshydratation, une dessication lente et progressive ont éliminé les conditions nécessaires à la putréfaction et les corps apparaissent décharnés, légers, recouverts de téguments secs, grisâtres, cassants, fragiles, collés au squelette.

Le véritable embaumement existe, mais il est réservé aux corps des grands lamas de Lhassa et de Tashilumpo qui sont, d'après Waddell, préparés par salaison. Les momies, revêtues des robes les plus somptueuses et entourées des objets sacrés personnels, sont placées, en attitude du Bouddha assis, dans des sarcophages de cuivre doré dans une pièce du palais, où un culte leur est rendu.

CEYLAN

A Ceylan, dans les classes pauvres et moyennes, les cadavres sont simplement enveloppés dans des nattes ou des étoffes de lin, parfois placés dans une bière en un lieu élevé et brûlés. Lorsqu'il s'agit d'un officier ou d'un haut fonctionnaire de la cour, le cadavre ne peut être incinéré que lorsque le roi en donne l'ordre, ce qui, parfois, n'arrive qu'assez longtemps après la mort. Dans ce cas, le cadavre est éventré, embaumé et placé dans un tronc d'arbre creusé. Toute la cavité abdominale est remplie aussi complètement que possible avec du poivre et le tout est enseveli dans une pièce de l'habitation du mort, jusqu'au moment où arrive l'ordre de le brûler.

LAOS

A côté de la crémation, couramment employée dans cette région, l'idéal des Laotiens, à l'imitation des Chinois et des Siamois, est de pouvoir conserver le plus longtemps possible le cadavre dans sa maison, avant de l'incinérer. Maupetit a fait connaître une méthode tout à fait spéciale de conservation des corps, et qui consiste à verser de 75 à 300 grammes de mercure par la bouche. Ce mercure, qui descend par le tube digestif, suffit à dessécher rapidement tous les tissus internes et à produire la momification. Le corps est étendu, d'autre part, sur une couche épaisse de cire fondue, de cendres de bois, de vêtements et de coussins, et vénéré ainsi, durant des mois, dans une pièce de la maison.

CHINE

La vénération des ancêtres, religion primitive dont on retrouve encore des préceptes dans les diverses religions asiatiques, rendait obligatoire en Chine l'exposition du corps pendant deux ou trois années dans un temple. La conservation de ce corps de chair, le « Jon Shen » enfermé dans un cercueil, était donc nécessaire.

Par une incision abdominale, les viscères étaient enlevés, les cavités nettoyées par une décoction de substances aromatiques, puis remplies de coton, de bourre d'étoffes imbibées de camphre, de poudre de bois de santal et de sel ordinaire.

Le fond du cercueil de bois recevait un lit de cendre de bois de santal et de poudre d'encens et l'on y déposait le corps que l'on mettait en position « dhyâna », c'est-à-dire en position de contemplation, jambes fléchies sous le tronc. Le cercueil était rempli de cendres végétales, de sel et refermé.

Le temps de vénération révolu, le corps était sorti de son cercueil et la perfection de la conservation permettait d'estimer la sainteté du défunt. Lorsqu'elle était jugée suffisante, la momie pouvait recevoir le revêtement d'or, la peau dorée étant la suprême distinction des héros de l'ancienne tradition hindoue, l'un des trente-deux caractères décrits dans les récits védiques.

La préparation du corps était l'objet de fêtes religieuses et l'achat des feuilles d'or se faisait par souscription. Souvent la momie primitive n'était pas d'une conservation parfaite et les zones mal desséchées étaient recouvertes d'un mélange de chaux, d'huile de lin et de poudre de bois de santal.

Le corps recouvert d'or pouvait alors être mis dans un tombeau.

Très récemment (1975), à Hupeh, aurait été exhumé d'une tombe creusée à dix mètres sous terre trois cercueils emboîtés les uns dans les autres. Le troisième cercueil renfermait le cadavre d'un homme, baignant dans un liquide de couleur rouge, aux téguments et aux articulations souples, non parcheminés. Une inscription indiquerait que l'inhumation avait eu lieu il y a 2 142 ans.

La *momification progressive,* effectuée du vivant de l'intéressé, telle qu'elle s'est pratiquée au Japon, a été réalisée en Chine. Le moine Chan Tao-k'ai (env. 35 ap. J.-C.) ne se serait nourri pendant sept ans que de glands et de résine de pin; Tchou T'an-yeou, mort aux environs de 480 ap. J.-C., était fort bien conservé un siècle plus tard.

Comme au Japon, il s'agit naturellement de momification naturelle, les momies étant conservées dans des grottes de montagne. Mais en Chine, du Ve au Xe siècle du Moyen Age bouddhique, la momie était revêtue d'une toile de chanvre et imprégnée de laque, parfois elle était remodelée avec de la terre argileuse. Dans certains cas, la momie laquée ou non était recouverte de feuilles d'or.

Certaines momies, ressemblant soit à des icônes, soit à des statues, subsistent encore, telle celle de Houei-nang, sixième patriarche Tch'an (zen), qui date de 713 ap. J.-C. Les momies les plus récentes sont celles de Tsieng-ts'an (1927), et celle de Ts'en-hang, qui mourut en cours d'ascèse.

JAPON

La momification des corps entiers, réservée d'ailleurs aux bonzes, a été pratiquée au Japon depuis fort longtemps. Elle est l'expression de la religion bouddhique, qui veut que le bonze vive dans un état de béatitude semblable à celle qu'accomplit le bodhisattva Maitreya, et qui lui permet d'atteindre sa « parousie » dans cinq milliards six cent soixante-dix millions d'années.

Cela implique un recueillement inconscient, la suppression de la pensée, la position permanente assise de Bouddha, l'immobilité, l'arrêt progressif des fonctions vitales essentielles, qui font que le bonze maigrit et se dessèche vivant. La durée de cette ascèse est lente et progressive : pendant trois ans, le bonze n'absorbe aucune des cinq céréales essentielles : riz, blé, deux espèces de millet et le soja, puis pendant une période de deux à cinq ans, les autres céréales étaient progressivement réduites puis supprimées, l'alimentation se limitant aux légumes verts et aux fruits. Le bonze alors n'ingérait plus que de l'eau.

Il est inutile de dire que ce régime alimentaire entraînait une fonte du pannicule graisseux, puis une atrophie musculaire. Lorsque le bonze sentait les approches de la mort, il arrêtait toute ingestion afin que son intestin se vide entièrement.

Lorsque la mort survenait, le bonze était maintenu dans sa position assise, les jambes croisées et maintenues par des cordes ou des lanières d'étoffe, et était mis dans la même position dans un cercueil de bois de pin, sur des copeaux de bois ou sur du son, puis il était descendu dans une fosse creusée à cet effet, et reposait sur des barres de métal l'isolant du sol et des parois de pierre du caveau.

Il ne s'agissait cependant que d'une inhumation temporaire, car après trois ans le corps était remonté à la surface du sol, desséché à la chaleur et boucané au feu de feuilles et d'encens. Le corps était alors mis dans une niche et exposé aux fidèles. On a pu parler d' « *automomification* »; il n'en reste pas moins vrai qu'il s'agit d'une très longue grève de la faim.

Les bonzes momifiés ainsi retrouvés sont très anciens : Kôbô Daishi, premier patriarche de la secte tantrique des Mantras, mort en 835, fut longtemps conservé au mont Koya; il en fut de même du moine Sôga, mort en 1003, du moine Kôchi Hoin, mort en 1363 et qui se trouve encore au monastère Chuson-gi du département de Nishiiwai-gun, des seigneurs Fujiwara de Hiraizumi (1128), du moine de Bukkai, momie la plus récente (elle date de 1903, époque à laquelle le « nyùjô » a été interdit). Il y a une quinzaine d'années, furent découvertes six momies du XVIIᵉ au XIXᵉ siècle, à Dewa Sanzan, lieu de pèlerinage bouddhique.

VI

LES MOMIES D'EUROPE

L'EUROPE n'a jamais excellé dans l'art des embaumements et les rares momies que l'on y trouve sont mal faites et mal conservées. Ce fait ne tient pas, certes, à une méconnaissance de l'art funéraire, mais à deux facteurs d'essence bien différente, l'un psychologique et religieuse, l'autre purement physique.

Les peuples primitifs de l'Europe chrétienne, tout en manifestant leur vénération pour leurs morts, n'ont pas eu pour eux un culte ayant atteint le raffinement et la complexité qu'il a pu avoir en Égypte, en Asie ou au Pérou par exemple. Les religions européennes considérant, en général, que le corps doit retourner directement au limon de la terre, dont il provient, ordonnaient l'inhumation pure et simple. Ce retour à la cendre fut aux origines accéléré par les pratiques de l'incinération, preuve d'un désintérêt évident du corps du défunt. Ici encore considère-t-on l'idée rédemptrice future, mais il s'agit de rédemption purement spirituelle n'ayant aucunement besoin d'un support matériel. La foi, élément directeur de l'art, ne sollicite pas le savoir des embaumeurs européens qui, cependant, connaissaient la beauté des pratiques égyptiennes.

La religion n'aida pas mais, au contraire, empêcha la momification des corps et aucune des conditions naturelles facilitant la conservation ne se trouvait généralement sur le sol d'Europe. Le climat, le régime hygrométrique, la nature géologique du sous-sol ne sont en rien comparables aux sables secs et chauds de l'Afrique ou de Perse, ou aux déserts salés et froids des Andes.

Cependant, lorsque des facteurs naturels de conservation se trouvaient réunis, l'homme les utilisa, parfois même les aménagea en les conditionnant, et c'est ainsi que dans des localités éparses de l'Europe furent faites des momies dites naturelles.

En fait, ces momies ne s'opposent aux momies habituelles dites artificielles que par l'absence d'utilisation de baumes, de sels ou de substances déshydratantes et imputrescibles. Elles ont été faites par déshydratation simple et naturelle sous l'action d'un air froid ou sous l'action d'un air chaud.

Telles sont les momies des caveaux des Jacobins et des Cordeliers de Toulouse obtenues par exposition des corps suspendus en haut d'un clocher où régnait un violent courant d'air; celles de la tour Saint-Michel à Bordeaux (1768), trouvées dans un sol sec et largement aéré; celles du cloître des Capucins à Palerme (remontant à 1599), obtenues comme dans de nombreux monastères de Sicile par exposition dans une chambre violemment chauffée, puis à l'air libre; celles de la salle des Morts de l'hospice du Saint-Bernard utilisant un vent glacial et violent à la façon des anciens habitants du Groenland et peut-être des Goths qui faisaient durcir les corps au froid, les enfermaient dans de grands paniers et les suspendaient dans les arbres. Ce sont ces conditions naturelles qui permirent aux corps de se conserver naturellement à la cathédrale de Brême, dans la chapelle du château de Quedlenburg, dans l'église souterraine du Kreuzberg, dans celle de Bonn, de Saint-Michel de Pavie, de Vedzone, du cimetière de Ferentillo, dans la crypte de l'ancien couvent des Capucins de Graz, dans celle de Saint-Éloi de Dunkerque, conditions semblables à celles qui ont existé à Guanajuato au Mexique.

Toutes ces momies n'offrent aucune beauté, aucune perfection; ce sont des corps décharnés dont le squelette est recouvert d'une peau rude et fragile, au visage rétracté et inexpressif.

*
* *

Par contre des conservations, toutes temporaires d'ailleurs, ont été découvertes dans les pays du nord de l'Europe. Elles ne résultent pas de déshydratation, mais au contraire de l'action de l'humidité en l'absence d'oxygène, réalisant ce que l'on dénomme adipocire.

Il s'agit des hommes des tourbières. Cent soixante-six cadavres ont été dénombrés au Danemark, soixante-neuf dans le Schleswig-Holstein, cinq dans la région de Hambourg, neuf en Norvège, seize en Suède, cent quarante et un en Basse-Saxe et dans la région de Brême, quarante-huit en Hollande, quarante et un en Angleterre et au Pays de Galles, quinze en Écosse, dix-neuf en Irlande.

Les plus anciennes découvertes remontent à 1500 en Fionie; en 1640 à Schalkhorz dans le Holstein; en 1780 dans la province de Down en Irlande; en 1797 en Jutland du Sud-Ouest, dans la tourbière de Undelev; puis en 1835 à Haraldskjaer, celle d'un corps maintenu par des crochets en bois plantés dans le sol au-dessous de chaque genou et de chaque coude; en 1838 en Fionie, au lieu dit Roersdam; en 1842 dans la tourbière de Fracer dans le Himmerland; en 1843 à Corselitze sur l'île de Falster; en 1859 de deux têtes féminine (?) dans la tourbière de Stidsholdt, province de Vendsyssel; en 1886 de trois corps dans la tourbière de Rönbjerq (Jutland occidental); en 1893 près de Rösbaed (Jutland du Nord).

Au cours du présent siècle, furent mis au jour des corps dans les tourbières de Tollund (1938), de Bred, près de Storarden (1942), de Barre (1947-1948).

Ce sont les découvertes du 8 mai 1950 dans la tourbière de Tollund d'un nouveau corps conservé, et du 26 avril 1952 dans la tourbière de Nebelgaard, près de Grauballe, qui furent à l'origine d'une étude très particulière de P.-V. Glob.

L'étude de l'homme de Tollund, ainsi que celle de l'homme de Grauballe, montre la conservation des téguments, comme s'il s'agissait d'un tannage par l'action acide de la tourbe, qui est constituée par des végétaux en décomposition avec une mince couche superficielle de sphaignes. Les traits du visage sont parfaitement conservés, la rigidité cadavérique a disparu.

Mais l'élément principal est la datation de ces corps (carbone 14) qui s'étend d'env. 100 av. J.-C. à 500 ap. J.-C., c'est-à-dire à l'âge de fer ancien. De plus, tous les corps mis au jour furent retrouvés soit complètement nus, soit sommairement vêtus, certains enveloppés dans des peaux animales. Ils présentaient des fractures de la boîte crânienne ou des os longs des membres, mais l'élément le plus significatif était soit la présence d'un lien autour du cou indiquant une pendaison ou une strangulation (homme de Tollund et femme de Barre dans le Himmerland), soit la présence de crochets en bois plantés dans le sol au-dessous de chaque coude (homme de Haraldskjaer), soit encore d'une plaie ouverte importante et profonde de la région cervicale évoquant un égorgement (homme de Grauballe), soit enfin des têtes détachées du squelette (tourbière de Stidsholdt, province de Vendsyssel) en même temps que des offrandes (anneaux de bronze, chars). La découverte de ces corps en adipocire et leur datation permet de considérer que dans le Nord de l'Europe, la crémation était en usage à l'époque de l'âge de pierre, du fer celtique, du bronze récent enfin (2000 av. J.-C.), puis fut suivie d'une période où le squelette osseux était recueilli et inhumé. L'inhumation des cadavres n'apparaît qu'après la naissance du Christ.

P.-V. Glob pense que la crémation, l'action du feu, permettait à l'âme de quitter le corps pour se réfugier et se régénérer dans le royaume des morts, comme l'ont pensé les Hindous et les insulaires du Pacifique.

« Jamais l'âme n'arrive au pays des morts si le corps n'est pas brûlé (...). Dans la chaude fumée, elle s'élève vers le soleil brillant qui lui communique chaleur et lumière et s'envole ensuite vers l'ouest au pays du bonheur. »

Il n'en est pas moins vrai que les hommes des tourbières ont été sacrifiés et tués; ils ont été victimes d'homicides volontaires. « L'homme de Tollund, conclut P.-V. Glob, et tant d'autres hommes des tourbières, après leur temps comme dieu et amant de la déesse, et leur périple dans les villages, ont suivi le commandement de leur religion. Ils ont été sacrifiés et enterrés dans les tourbières sacrées, et ont ainsi clos le culte qui devait assurer au peuple, pour l'année à venir, le bonheur et la fécondité. Par leur sacrifice, ils ont été en même temps consacrés pour l'éternité à Nerthus, la déesse de la fécondité, la Terre-Mère, et c'est pour cette raison que celle-ci a béni leurs visages et les a conservés à travers les millénaires. »

Les momies que fabriquèrent les peuples primitifs n'ont pas été davantage l'objet de soins particuliers et il est exceptionnel qu'elles soient arrivées jusqu'à nous.

GRÈCE

Les Grecs, ainsi que les Perses d'ailleurs, généralement indifférents à la dépouille mortelle, incinéraient volontiers les corps qu'ils enroulaient de vêtements ou de draps d'amiante qu'ils achetaient en Perse. Les ossements étaient recueillis, mis dans des vases funéraires semblables à ceux des inhumations secondaires de la période prédynastique égyptienne.

On rapporte cependant qu'Alexandre le Grand fut embaumé et frotté de miel; qu'Agésilas, roi de Sparte, fut ramené dans la ville après sa mort, enrobé de cire, et l'on peut lire dans Homère que du nectar et de l'ambroisie furent versés plusieurs fois dans les narines de Patrocle pour embaumer son corps.

Tout cela ne constitue pas, à vrai dire, d'embaumement, de momification véritable, mais de simples procédés de conservation toute temporaire dont il faudrait d'ailleurs faire la preuve.

ITALIE

Les Étrusques, dont la religion était dominée par la crainte de la mort et la peur de l'au-delà, procédaient soit à des inhumations dans des caveaux creusés dans le sol et aménagés à la façon des sépultures égyptiennes, soit à des incinérations. Les sarcophages que l'on a pu découvrir ne contenaient pas de corps momifiés.

Les Romains, comme les Grecs d'ailleurs, procédaient à une toilette funèbre très minutieuse qui avait pour but d'empêcher le développement rapide de la putréfaction. Le corps était lavé à l'eau chaude, parfumé avec des onguents faits de sel, de miel, de résine de cèdre et mélangés à des aromates comme la myrrhe ou le baume du Pérou. Dans la bouche était glissée une pièce de monnaie en argent destinée à Charon, le nocher des Enfers. Le corps était exposé mais si le visage était abîmé, il était recouvert d'un masque. On procédait soit à l'inhumation, soit à l'incinération. Les premiers chrétiens, par contre, embaumaient volontiers le corps des leurs selon des méthodes assez simples rappelant celles utilisées par les Juifs.

Les yeux et la bouche étaient fermés par les parents et le corps était soigneusement lavé puis frotté avec des huiles, des aromates et des parfums. Tertullien, dans son *Apologétique,* rapporte que les parfums utilisés par les païens pour enfumer leurs dieux étaient les mêmes que ceux utilisés par les chrétiens, pour la sépulture de leurs frères. Le corps était enveloppé dans un linceul et entouré de bandelettes. Sous Sixte IV, il fut cependant découvert sur la voie Appienne une tombe renfermant une momie qui fut attribuée à Pulliola, la fille de Cicéron. Sous Alexandre VI, à Albano, fut découverte également la momie d'une femme parfaitement conservée, offrant les caractères habituels des momies égyptiennes avec ses bandelettes et son masque facial peint.

En Italie du Sud, comme en Grèce, dans l'île de

Crète, dans le Dodécanèse, on trouve des vases funéraires contenant des ossements provenant d'inhumations secondaires.

FRANCE

Les Gaulois ne pratiquaient pas l'embaumement. Les morts de qualité étaient enveloppés dans des linges et ensevelis avec quelques soins. Assez souvent, ils étaient mis dans des sarcophages en terre cuite, en pierre et même en plomb. Telle était la momie d'enfant retrouvée à Martres-d'Astier, près de Riom, en 1756, datant de l'âge des sarcophages ou des collines sans ustion. Diodore de Sicile et Strabon rapportent que les Gaulois conservaient dans de l'huile de cèdre la tête des chefs ennemis tués en combat singulier et c'est en remplaçant l'huile de cèdre par du miel que les partisans d'Abd el Kader, en 1845, conservèrent les têtes des chasseurs du marabout de Sidi-Brahim. Ces momies dites gauloises ne portent aucune trace de substances balsamiques; elles sont plus le fait des propriétés conservatrices naturelles du sol que de procédés artificiels.

La pratique des embaumements resta toujours exceptionnelle, uniquement réservée aux personnages royaux, faisant appel à des procédés empiriques très compliqués, réminiscences mal appliquées des méthodes égyptiennes. En 1599, on ouvrit le cercueil où en 821 le pape Pascal Ier (817-824) avait fait mettre le corps de sainte Cécile, pour transférer les restes du cimetière de Callixte à la basilique du Transtevere. Le corps apparut intact sous son voile. Clément VIII, pape (1592-1605), fit déposer l'antique cercueil de cyprès dans une enveloppe d'argent semée d'étoiles (statue couchée de Santa Cecilia in Transtevere de Stefano Maderna).

Nous trouvons dans *La Chanson de Roland* la façon dont on conservait les corps vers les Xe et XIe siècles, si l'on admet, d'après le manuscrit d'Oxford, que la geste de Touronde ait été chantée à cette époque.

L'Empereur fait garder le corps de Roland
Celui d'Olivier et de l'archevêque Turpin;
Il les fait tous ouvrir devant lui.
On recueille leurs cœurs dans une pièce de soie,
Et on les enferme dans les cercueils de marbre blanc.
Puis on prend les corps des trois barons,
On les met dans des cuirs de cerf
Après les avoir frottés de piment et de vin.

Les piments dont parle le trouvère sont des mélanges de myrrhe, de cumin, d'aloès, de santal, de musc, de sang dragon.

Le corps de Louis VII, mort en 1180, fut retrouvé parfaitement conservé en 1566 par Charles IX à l'abbaye de Barbeau, mais la plupart des dépouilles royales ne pouvaient résister aux traitements qui leur étaient infligés. Celle d'Henri Ier d'Angleterre fut, en 1135 à Rouen, tailladée profondément, saupoudrée de sel, entourée d'aromates et enveloppée dans un tissu de laine par le ministère d'un boucher; celle de Saint Louis, mort à Tunis en 1270, fut mise à bouillir dans de l'eau salée pour les chairs du squelette, les os furent envoyés à Saint-Denis, les muscles et les viscères à Montréal, en Sicile, et le cœur, sans doute, remis à la Sainte-Chapelle. Le corps de Philippe le Hardi, duc de Bourgogne, mort en 1404, fut mis dans de l'eau et du vin bouillants, les os et le cœur furent conservés à Saint-Denis, les muscles et les viscères à Narbonne.

Ces techniques sont fort différentes de celles utilisées par les Égyptiens et il n'est pas étonnant que les résultats lamentables jetèrent un discrédit considérable sur la momification qui était devenue une pratique macabre indécente.

Il a fallu attendre la fin du XVIe siècle et le début du XVIIe siècle pour voir réapparaître bien timidement quelques tentatives d'embaumement. Les méthodes utilisées sont des imitations d'un genre nouveau des techniques égyptiennes; les résultats furent décevants et cet échec donna un regain de renommée aux momies égyptiennes. Ce fut l'époque où l'on importa un grand nombre de momies d'Égypte, mais celles-ci, devenues articles d'échange, furent fabriquées rapidement avec des cadavres abandonnés ou exhumés clandestinement. Les voyageurs rapportèrent des momies bourrées de poudre de myrrhe, d'aloès, de bitume de Judée et de poix noire; elles étaient séchées au four et leur conservation était de durée très limitée. L'échec des tentatives d'embaumement de cette époque est dû à la complexité même de la technique.

En 1629, Philibert Guybert, dans un traité intitulé *Le médecin charitable,* enseignant la manière d'embaumer les corps, indiquait :

« La tête, poictrine et ventre inférieur ayans été vider et nettoyer on commencera à les embaumer : commençant à la teste tout ayant esté bien lavé et estuvé avec ledit vinaigre et sinapisé avec l'un desdits baumes, on aura de bonnes estoupes de coton dont on fera lits que l'on arrangera l'un sur l'autre, lesquels estant mouiller dudit vinaigre, remplis de baume, seront poser ainsi que dit est, jusques à ce que ledit crâne en soit remply...

« On fera le semblable à la poictrine dedans et dehors comme l'on fait à la teste, ainsi fera-t-on au ventre inférieur.

« Les susdites parties ainsi bien embaumées, faudra faire des incisions profondes et longues ès bras, dos, fesses, cuisses et jambes, principalement à l'endroit des grandes veines et artères... Après on les étuvera au vinaigre et emplira des incisions avec estoupe de coton trempez dans le vinaigre et remplies de baume, les recousant proprement avec la suture du pelletier.

« Le corps ainsi embaumé sera oinct extérieurement de toutes parts de térébenthine commune ou de Venise, dissoute en huile commune, ou rosat, ou d'aspic, puis couvert d'un linceul ou toile cirée, et mis dans un cercueil de plomb. »

Dès 1780, les formules proposées sont aussi nombreuses et compliquées qu'inefficaces.

A la formule de Bils [1] succède celle de Ri-

---

1. La méthode proposée par de Bils en 1780 est d'une complexité extrême. Le corps, incisé à l'abdomen, trépané à l'occiput, enveloppé dans un drap, était mis à macérer dans une grande caisse en zinc contenant le mélange suivant : tan en poudre grossière : 60 livres; alun de Rome : 50 livres; poivre : 50 livres; sel gemme : 100 livres; eau-de-vie excellente : 1 600 livres; vinaigre de bonne qualité : 800 livres.

Le liquide était changé au bout de trois jours, puis de vingt-sept jours, la macération se poursuivant encore pendant une double période de trente jours. Pendant deux mois consécutifs, le corps était à nouveau plongé dans un mélange à parties égales d'eau-de-vie et de vinaigre contenant la composition suivante : poudre de myrrhe et d'aloès : 44 livres; mastic, noix muscade, girofle, cannelle : 20 livres.

queur [1] employée pour l'embaumement de Mmes les Dauphines.

La technique qui avait été utilisée pour Louis XIV par Dionis [2] est très complexe, elle fait appel à des mélanges d'essences végétales et de végétaux aromatiques.

Le corps fut recouvert de baume du Pérou, de poudre composée, enveloppé dans une toile cirée et

Le corps retiré et séché à l'étuve était frotté avec l'onguent composé : ambre gris : 6 onces; baume du Pérou : 8 onces; huile de cannelle : 4 onces, et inhumé dans un cercueil de plomb.

1. L'embaumement de Mmes les Dauphines fit appel à une composition qui servit à remplir les cavités nettoyées et lavées à l'alcool dont voici la formule remarquable : racines d'iris de Florence : 3 livres; souchet : 1 livre 1/2; angélique de Bohême, gingembre, salamus aromaticus, aristoloche, sauge, sariette, thym : 1 livre; feuilles de mélisse, feuilles de basilic, hysope, laurier, myrrhe, marjolaine, origan, rue : 1/2 livre; aurone, absinthe, menthe, calament, serpolet, jonc odorant, scordium : 4 onces; fleurs d'oranger : 1 livre 1/2; cardamome : 1 livre; cumin, carry : 4 onces; fruits et baies de genièvre : 1 livre; girofle : 1 livre 1/2; lavande : 4 onces; muscade : 1 livre; poivre blanc : 4 onces; oranges séchées : 3 livres; bois de cèdre : 3 livres; santal citrin, roses : 2 livres; écorces de citron, d'orange, de cannelle : 1/2 livre; styrax : 1 livre 1/2; calamite, benjoin, olibanus : 1 livre 1/2; myrrhe : 2 livres 1/2; aloès : 4 livres; sandaraque : 1/2 livre; esprit de vin : 4 pintes; esprit de sel : 4 onces; térébenthine de Venise : 3 livres; styrax liquide : 2 livres; baume de copahu : 1/2 livre; baume du Pérou : 2 onces.

Les corps furent enroulés dans une toile cirée.

2. Les cavités naturelles furent vidées des organes, lavées avec un mélange d'alcool et d'huile de lavande et remplies du mélange suivant : poudre de tan : 26 parties; aloès, myrrhe, asphalte : 1 partie; racines de gentiane, racines d'angélique, racines de gingembre : 4 parties; poivre noir, petit cardamonum, feuilles de scordium, feuilles d'absinthe, feuilles de thym, feuilles de marrube blanc, feuilles d'hysope : 2 parties; benjoin, styrax, encens, sandaraque, tacamahaca : 3 parties; écorces d'orange, sommités de marjolaine, pouliot, girofle, cassia ligna : 1 partie.

mis dans un cercueil de plomb. Lorsque, à la Révolution, on éparpilla les cendres des rois de France à la basilique de Saint-Denis, il fut trouvé parfaitement intact ainsi que ceux de Turenne et d'Henri IV, mais un grand nombre de corps embaumés de façon identique étaient entièrement décomposés, la plupart n'offraient plus qu'un squelette enveloppé dans une peau de cerf, ce qui est la preuve de technique défectueuse ou même d'absence totale d'embaumement.

Ces méthodes compliquées d'embaumement, réservées aux rois et aux princes, tentaient de surpasser les techniques égyptiennes. Malheureusement leur efficacité était loin de leur être comparable et les mutilations dont elles étaient l'occasion rendaient la momification semblable à une boucherie macabre.

Toutes les tentatives ultérieures tendirent à éviter ces pratiques empiriques peu efficaces et utilisèrent les découvertes de l'époque relatives à l'anatomie, à la physiologie et à la chimie. Les noms de Ruysch, de Chaussier, de Baudet qui embauma Louis XVIII, de Gannal, de Sucquet, de Laskowski, de Dubois, etc., leur sont attachés.

Les macérations balsamiques furent abandonnées au profit du sublimé, de l'arsenic, puis du formol, le seul corps à peu près utilisé de nos jours.

J. N. Gannal (1795-1852), ancien chirurgien de Napoléon Ier puis préparateur de chimie de Thénard, mit au point une technique simple d'injection intra-artérielle. Il utilise tour à tour le nitrate de potasse, l'anhydride arsénieux, le sulfate d'aluminium, à la recherche d' « un fluide facile à manier, sans danger pour l'opérateur, sans inconvénients pour les instruments, rapide. Les incisions, éviscérations, macérations sont remplacées par une injection, celle-ci étant *évacuatrice, réplétive, antiseptique* et *conservatrice* ». Il donne donc les bases de l'embaumement moderne; en 1848, l'usage de l'arsenic, puis du sublimé, étant interdit, Gannal n'emploiera plus qu'un mélange d'acétate et de chlorure d'aluminium. Nombre de médecins et pharmaciens s'ingénièrent alors à trouver d'autres méthodes (Dubois, alccol amylique; Baudrian, embaumeur de Gambetta, le formol, le chlorure de zinc et l'alumine).

L'embaumement eut une certaine vogue mais c'est surtout aux U.S.A. que son développement fut rapide. Le docteur Names de New York lui donna une grande impulsion pendant la guerre de Sécession en y ayant recours pour le transport des soldats tués à travers les États-Unis. Depuis lors, tant aux U.S.A. qu'au Canada, l'embaumement a été vulgarisé et est considéré aujourd'hui comme un procédé normal et nécessaire (*Funeral Parlour,* écoles d'embaumement, diplômes d'embaumeur, etc.).

Actuellement, à la suite de la convention internationale de Berlin du 10 février 1937, les corps devant traverser une frontière doivent avoir subi des soins d'asepsie et de conservation, l'embaumement international, embaumement par voie artérielle à injections multiples. L'I.F.T., c'est-à-dire le procédé préconisé par l'*Institut français de Thanatopraxie,* peut lui être assimilé.

L'I.F.T. consiste en une injection intra-artérielle de fluide fixateur, d'un drainage veineux et d'un traitement de la grande cavité par un second fluide. Cette opération est complétée par des soins cosmétiques.

En France, l'Institut français de Thanatopraxie a

uniformisé l'usage des fluides de conservation et utilisé deux produits standard, l'un pour l'injection artérielle, l'autre pour le traitement de la grande cavité.

Le *fluide artériel* utilisé en France : Thanatyl « A » (artères) a la composition suivante : borate de soude : 3,9 g; glycérine : 8,3 ml; méthanol : 7,0 ml; soluté officinal de formaldéhyde : 55,0 ml; solution amarante : 12,0 ml; eau distillée qsp : 100,0 ml. Ce produit s'emploie après dilution au $1/10^e$.

La glycérine est utilisée comme agent tensio-actif en vue de diminuer la résistance à la progression du liquide. La formaldéhyde est actuellement le meilleur conservateur. La solution amarante est un colorant. L'ensemble réalise un effet non pas déshydratant (comme les procédés antiques) mais au contraire donne aux tissus une bonne tonicité (en particulier des globes oculaires).

Le *fluide des cavités* (thanatyl « C », cavités) utilisé par l'I.F.T., comprend : méthanol : 49 ml; propylène-glycol : 2,5 ml; soluté officinal de formaldéhyde : 49 ml. Ce produit est utilisé pur.

L'injection artérielle s'effectue sur un gros tronc (carotide, axillaire ou fémorale), à l'aide d'une canule coudée : on cathétérise aussi la veine satellite pour réaliser un drainage.

En pratique, on perfuse 10 litres en un quart d'heure grâce à une pompe (manuelle ou électrique). Quand le reflux veineux n'est plus composé que de fluide « A », cette opération est terminée.

Le traitement des cavités comprend une aspiration à l'aide d'un trocart à gros diamètre. Thorax, abdomen sont tour à tour ponctionnés en de multiples endroits.

On injecte ensuite le liquide « C », soit deux litres

environ pour un adulte de 70 kg. Quelques soins cosmétiques terminent ces opérations.

L'embaumement que l'on pratique actuellement, en injectant dans le système vasculaire la substance chimique, ne procure jamais la conservation obtenue par les Égyptiens, les Guanches ou les Incas. Il s'agit tout au plus d'une action conservatrice qui dure quelques jours, voire quelques semaines, qui arrête pour un temps la marche fatidique de la putréfaction cadavérique. Et bien que ces pratiques portent le nom d'embaumement, elles ne sont, en définitive, qu'un simulacre d'action toute temporaire des momifications des Anciens.

Il serait injuste de ne pas citer quatre tentatives modernes dont les trois premières donnent des résultats qui se rapprochent de ceux des procédés indo-asiatiques et égyptiens.

En 1890, Variot décrivait, sous le nom d'*anthropo-plastie galvanique,* une méthode permettant de conserver les corps en les couvrant d'une couche de cuivre électrolytique. Les viscères étaient enlevés ou non; le corps lavé à l'acide phénique était injecté de chlorure de zinc par voie artérielle. Les téguments étaient recouverts d'une couche de nitrate d'argent que l'on réduisait avec du phosphore blanc dissous dans du sulfure de carbone.

Ainsi préparé le corps était alors plongé, pendant quatre à cinq jours, dans un bain galvanique de sulfate de cuivre. Une mince couche de cuivre recouvrait l'ensemble du corps qui se présentait semblable à une momie bouddhique.

La seconde tentative date de 1917, époque à laquelle le Dr Barnes de Barcelone utilise avec succès le procédé suivant : dans le fond d'une bière, on répand un mélange fait de 5 kilos de sciure de bois et d'un demi-kilo de charbon végétal, de permanganate de potasse, de camphre et de naphtaline. Ce mélange, mis dans une enveloppe en voile, est arrosé d'un mélange de 625 grammes, à parties égales, de thymol, de formol, d'alcool et d'acide benzoïque. On place le corps sur cette préparation et la bière est hermétiquement close. Vingt jours plus tard, le corps est entièrement momifié et il peut être laissé à l'air libre. On a pu ainsi conserver intacts des corps dont la mort remontait à plus de quinze ans. Cette méthode fut reprise avec succès au Brésil.

La troisième tentative représente, sans aucune discussion, la perfection même de tous les procédés d'embaumement modernes. On la doit à Hochstetter, de Vienne, qui grâce aux travaux de Léon Frédéricq, eut l'idée d'utiliser pour l'embaumement la méthode habituellement suivie en anatomo-pathologie pour la conservation et l'étude des pièces anatomo-histologiques.

Le principe basé sur la *paraffinisation* des tissus a été repris par Pedro Ara, de Madrid, qui l'utilisa pour le corps humain entier. Le cadavre est mis à déshydrater dans des bains d'alcool successifs de plus en plus fort, puis dans un solvant de graisses et de la paraffine qui est le plus souvent le xylol et, enfin, dans un bain de paraffine fondue à 57°. Lorsque la paraffine est entrée profondément et suffisamment dans les tissus, le corps est retiré du bain, l'excès de paraffine est enlevé. Un tel procédé est la perfection même de l'embaumement. La conservation des corps est parfaite, mais ce qui donne à la méthode un caractère tout particulier et précieux, c'est la permanence de l'expression physionomique qui n'est jamais altérée.

Les Égyptiens, même à l'époque de leur apogée dans l'art de momifier, n'ont pu obtenir de tels résultats.

La congélation

Le professeur Ettinger (U.S.A.) a réveillé vers 1963 les vieux rêves d'immortalité en proposant la congélation immédiate des cadavres en vue de réanimations ultérieures. « Freeze-Wait-Reanimate » (Gelez-attendez-réanimez) est actuellement le slogan de nombreuses sociétés de froid américaines (ex. : *Cryolife Corporation Kansas City*). Ce procédé n'a aucun fondement scientifique. Il reste un moyen de conservation de cadavres dont la perfection n'a d'égal que l'irréalisme.

La supériorité de la momification moderne ne peut faire oublier qu'en dépit de l'accumulation immense des connaissances, l'homme d'aujourd'hui se trouve confronté, d'une manière aussi obsédante que par le passé, aux deux grandes réalités mystérieuses que sont la Vie et la Mort.

Très humblement, les momies, dans leur diversité, contribuent chacune à leur manière, à la compréhension de nous-mêmes et de notre évolution. Symboles de l'émergence de la pensée réfléchie, des sauvageries du passé, de la quête de l'Au-delà, du monde surréel peuplé de luttes et de doutes, de l'éternel et de l'immuable, comment s'étonner de la fascination qu'exercent sur nous leurs regards fixes?

VII

TETES TROPHÉES ET TETES RÉDUITES

LES têtes trophées étaient réalisées soit comme témoignage de la valeur guerrière, soit comme une offrande aux dieux du vainqueur, soit comme une vengeance, à des fins d'acquisition de puissance ou de promotion sociale.

La chasse aux têtes a été pratiquée sous de nombreuses latitudes, par des peuplades végétariennes, primitives, ayant recours à un cannibalisme rituel : en Asie, au sud-est du Bengale (Nagas des monts d'Assam) pour une valorisation personnelle; aux Philippines (Mont-Luzon); à Bornéo (Dayak) et dans l'île de Sumba;

En Océanie, en Nouvelle-Guinée (Papouasie) pour une valorisation personnelle et en exécution d'un rite notamment chez les Iatmuls et les Chambulis du cours moyen du fleuve Sépik en Nouvelle-Guinée, les Marind-Anim et les Asmat de la côte sud et sud-ouest; dans les îles mélanésiennes et polynésiennes de l'Océanie.

En Amérique, en Amazonie (indigènes de la Montana, Munduruku, Parintintin, Jivaro); aux Caraïbes; au Pérou (Nazca); dans les régions côtières de l'Équateur et de la Colombie.

En Afrique centrale, dans les régions forestières.

Mais la chasse existait aussi chez nos « ancêtres » les « Gaulois » provençaux, chez les Indiens de l'Amérique du Nord jusqu'en Alaska, chez les Indiens de l'Amérique du Sud jusqu'en Terre de Feu.

L'exposition de têtes tranchées par décapitation a toujours existé. On la retrouve vers 7000 av. J.-C. à Munhata (Jéricho II); on la retrouve dans les relations du voyage de Posidonis le Rhodien à Strabon, chez les Salyens, mais également au cours de toutes les guerres, de la Révolution française (notamment Mlle de Montpensier), lors de la conquête de l'Algérie (Oudjda, 1904). A Nich, en 1809, les têtes de neuf cent cinquante-deux soldats furent exposées par les Turcs après la bataille de Tchégar; il en fut de même lors de la conquête de la Nouvelle-Calédonie en 1878.

Cette exposition est banale en Asie (Chine), en pays arabes (notamment Arabie saoudite), et africains (Cameroun, Ghana, Dahomey, Nigeria), et plus près de nous, elle existait lors de la libération de l'Algérie, de la guerre du Biafra et de celle du Vietnam.

Bien qu'en général, la séparation de la tête du tronc résulte d'une décapitation passant par les vertèbres cervicales, parfois celle-ci est suivie d'une décarnification, telle qu'on la pratique lors de vérifications anatomiques scientifiques : incision sagittale de l'apex crânien à la racine du cou, décollement du cuir chevelu, énucléation bilatérale, arrachement de la langue, extraction du cerveau par le trou occipital, au besoin agrandi, ou par une véritable trépanation au niveau de l'écaille du temporal.

Cependant lorsqu'il s'agit de parents ou de proches, il existe deux procédés : exposition du corps du défunt ou inhumation incomplète laissant la tête au-dessus du sol, ou bien momification de la tête seule par séchage au soleil ou à la chaleur, avec ou sans utilisation d'huiles ou de substances balsamiques.

Les têtes momifiées se trouvent presque exclusivement au Pérou, en Amazonie, en Nouvelle-Zélande et dans une région limitrophe de la Papouasie.

Les têtes péruviennes confectionnées dans la région de Paracas, par les Nazca, trois siècle avant et après J.-C., subissaient une simple déshydratation au soleil ou bien un écorchement cutané suivi d'une remise en place sur le massif crânial décarnifié. Les paupières étaient relevées, la bouche était fermée par deux longues épines végétales. Les cheveux étaient laissés en place, parfois tressés; parfois la chevelure était recouverte d'une perruque. La tête était suspendue par une fronde passant par un trou pratiqué dans le frontal.

En Amazonie du Sud, les chasseurs de tête Munduruku, habitant sur les rives du rio Tapajos, faisaient subir aux têtes une imprégnation huileuse (?), puis une déshydratation solaire après ablation du cerveau, des globes oculaires et de la langue. Les cavités orbitaires étaient remplies de cire noircie et de deux dents de tapir; les lèvres restaient béantes et permettaient la mise en place de cordelettes dont le nombre correspondait à celui des têtes trophées du chasseur.

De très nombreuses tribus d'Amérique du Nord, du Mexique et des forêts tropicales d'Amérique du Sud n'ont jamais utilisé un mode quelconque d'embaumement.

Cependant, il est intéressant de signaler que certaines populations des deux Amériques, sans pratiquer la momification du corps humain entier comme mode de sépulture, ont conservé, ou conservent encore, par des moyens divers d'embaumement, des parties du corps humain : têtes, doigts, mains, bras ou jambes qui sont portés, le plus souvent, comme trophées.

AMÉRIQUE DU NORD

La momification, comme rite funéraire, est l'exception dans les différentes régions de l'Amérique du Nord. Elle a eu cependant une certaine importance dans le Sud-Est des États-Unis et surtout chez les Aléoutes et les tribus de l'île de Vancouver, dans le Nord-Ouest, où elle était pratiquée tout récemment encore.

Dans les grandes plaines centrales, plusieurs tribus, en particulier les Shoshomes, les Ojibma et les Cheyennes, avaient l'habitude de couper les doigts et même les mains et les bras de leurs ennemis tués au combat. Ces trophées étaient portés le plus souvent en colliers au cours des danses et des expéditions guerrières. Ils étaient généralement préparés de la manière suivante : les tendons et les os étaient soigneusement enlevés et remplacés par des morceaux de bois sur lesquels les chairs séchaient en conservant plus ou moins leurs formes naturelles.

MEXIQUE ET AMÉRIQUE CENTRALE

Quelques peuplades du Mexique du Nord, et du Sud du Pérou et de l'Amérique Centrale avaient aussi la coutume de conserver des parties du corps humain comme trophées. Ainsi, les guerriers aztèques fixaient à leur bouclier, comme un talisman, le médius de la main gauche d'une femme morte en couches. Il est possible que les anciens Mexicains se procuraient de véritables têtes trophées, mais ils pratiquaient surtout l'écorchement des victimes dont ils conservaient ensuite la peau. Des soldats espagnols trouvèrent, dans un temple de la Huasteca, les têtes de plusieurs de leurs compagnons tués au combat qui avaient été écorchées et tannées. Très souvent, on écorchait les têtes des victimes sacrifiées et ces peaux, placées sur des poteaux, se réduisaient par dessication à la dimension d'une tête d'enfant. Les victimes traitées de cette façon étaient dédiées à Xipe-Totec, le dieu du sacrifice humain par écorchement.

COLOMBIE

Les Indiens d'Esmeraldas et les Manta, de la côte de l'Équateur, voisine de la Colombie, ne momifiaient pas leurs morts mais avaient la coutume d'écorcher leurs prisonniers et de conserver les peaux, bourrées de paille et de cendre, dans leurs temples. Ils connaissaient une méthode, comme les Jivaro, de momifier et de réduire les têtes humaines.

AMAZONIE — Les têtes réduites ou tzanza

Par contre, l'Amazonie est une région où, peut-être encore, la chasse aux têtes humaines est une coutume assez répandue et certaines tribus, comme les Jivaro et les Munduruku, ont utilisé des procédés d'embaumement pour conserver ces trophées. Celui pratiqué

139

par les Indiens Jivaro du Haut-Amazone sur les têtes de leurs ennemis tués en combat singulier, qui leur a valu l'appellation de « réducteurs de têtes », est le plus connu et le plus extraordinaire. Il consiste à enlever la partie osseuse de la tête coupée et à réduire les chairs à la grosseur d'une orange tout en leur conservant des traits humains. La méthode employée pour la préparation de ces trophées uniques au monde, a été gardée très longtemps secrète. En fait, jusqu'à maintenant, très peu de voyageurs Blancs ont pu assister à une chasse aux têtes et suivre les étapes de leur réduction. L'un des meilleurs récits a été donné par Up de Graff qui réussit, au péril de sa vie, à participer à une chasse aux têtes entreprise par la tribu des Aguaruna contre celle des Huambisa.

« ... Tout d'abord ils séparèrent les cheveux par le milieu, du front à la nuque, et fendirent la peau le long de cette raie, puis tirant sur les deux lèvres de la couture, ils enlevèrent la peau du crâne comme on enlève l'écorce d'une orange. Lorsqu'ils arrivèrent aux yeux, aux oreilles et au nez, ils durent pratiquer quelques incisions, mais ensuite la chair et les muscles vinrent avec la peau, laissant le crâne absolument dénudé, sauf les yeux et la langue.

« La tête désossée formait alors une sorte de sac de peau et de chair, dont la fente médiane fut recousue à l'aide d'une aiguille de bambou et de fibres de feuilles de palmier, le *chambira,* qui remplace le chanvre dans tous les usages de celui-ci. Seule l'ouverture du cou fut laissée libre. Les lèvres furent traversées de trois éclats de bambou, autour desquels furent tressés de nombreux torons de fibres de coton, ce qui assurait une fermeture hermétique de la bouche, d'où ces fils pendaient en longues franges.

« La raison pour laquelle les lèvres sont ainsi scellées doit être d'ordre moral plutôt que d'ordre physique, car cette opération a pour résultat de déformer les traits qui, par ailleurs, sont, en général, soigneusement respectés. Les orbites, par contre, sont maintenues ouvertes en y insérant verticalement de petits morceaux de bambou.

« Pendant qu'une équipe procédait au désossement des têtes, une autre avait allumé de grands feux, sur lesquels avaient été placés de grands pots de terre. Les pots, employés à cette occasion, sont des ustensiles rituels fabriqués avec le plus grand soin par le sorcier à l'abri de tout regard humain et sous des influences lunaires favorables. Pour le transport, ils sont soigneusement emballés dans des feuilles de palmier de façon qu'ils ne puissent être vus ou touchés par aucune personne non qualifiée avant la cérémonie à laquelle ils sont destinés. Chaque pot est prévu pour contenir une tête...

« ... Les pots ayant été remplis d'eau puisée dans la rivière, les têtes y furent placées et, en moins d'une demi-heure, l'eau commença à chanter. C'était le moment critique, car les têtes devaient être retirées juste au moment où l'eau est sur le point de bouillir, faute de quoi la chair se désagrégerait et les cheveux tomberaient. Enlevées à temps, les têtes se trouvèrent réduites à environ un tiers de leur grosseur normale. L'eau était couverte d'une graisse jaune comme lorsque l'on fait cuire une viande quelconque, mais, par suite de la prudence extrême du sorcier, je n'ai pas pu savoir s'il avait ajouté à ce court-bouillon une herbe ou une drogue.

« La cuisson terminé, les pots furent jetés dans la rivière, car ils étaient trop sacrés pour servir à d'autres usages et les feux furent rechargés pour chauffer le sable, car le sable chaud devait jouer un rôle important dans la suite de l'opération.

« Pendant la danse, de grandes quantités de sable chaud avaient été préparées. Les têtes furent alors bourrées de ce sable brûlant par l'ouverture du cou et, ainsi gonflées, furent repassées avec des pierres plates chauffées au feu et tenues à l'aide de feuilles de palmier. Cette opération doit être en principe renouvelée continuellement pendant environ quarante-huit heures, jusqu'à ce que la peau soit absolument lisse et aussi dure que du cuir, la tête entière étant alors réduite aux dimensions d'une grosse orange. La ressemblance avec l'être vivant est extraordinaire et ces têtes ratatinées sont de véritables miniatures de ce qu'elles étaient sur les épaules de leur propriétaire. Chaque trait, chaque cheveu, chaque cicatrice sont conservés intacts et même quelquefois l'expression du visage n'a pas complètement disparu. Quand les têtes sont jugées parfaites, elles sont suspendues dans la fumée pour les prémunir contre les attaques des insectes qui, faute de précaution, les détruiraient en peu de temps. »

D'après des récits récents, il semble que des méthodes quelque peu différentes soient appliquées dans d'autres tribus Jivaro, mais le principe reste toujours le même.

La tête réduite ou « tzanza » est munie d'une cordelette de suspension en coton qui part du sommet du cuir chevelu, où elle est maintenue au moyen d'une cheville de bois. Mais, chose assez curieuse à noter, ce trophée, qui est l'objet de tant de soins et de vénération, n'est porté par le guerrier que pendant un temps relativement court variant, suivant les voyageurs, de quelques jours à un an. Au bout de ce temps, à la suite d'une grande fête de boisson qui célèbre la victoire, la tête perd toute valeur et est jetée à la rivière avec la plus grande indifférence.

F. Hébert Stevens, dans son livre *L'Art ancien d'Amérique du Sud,* donne de ce rite de momification l'explication suivante : « Après une série de jeûnes rituels et de consultations avec le sorcier, le Jivaro part en expédition pour tuer son ennemi. Mais lorsqu'il revient avec la tête coupée, il n'a réalisé qu'une opération purement formelle, si l'on peut dire, car l'esprit de l'ennemi est toujours vivant et encore plus menaçant. Pour s'en débarrasser, il faut le déloger de la boîte crânienne, le mettre comme une tortue sortie de sa carapace. Il sera alors à la merci du sorcier. La tête coupée est fendue sur l'arrière. Par cette fente, on extrait les morceaux du crâne concassé, les cartilages du nez étant directement extirpés par les narines. La peau flasque comme une vessie est ensuite nettoyée, réduite avec un bain d'herbes bouillant, repassée avec des pierres brûlantes, remplie de sable et de fumée. Tout ce processus a pour but de faire disparaître l'enveloppe fortifiée de l'esprit : la boîte crânienne. Il est en revanche essentiel que l'esprit n'abandonne pas l'enveloppe de peau, car, libéré, il deviendrait redoutable. La ressemblance de la nouvelle enveloppe avec l'ancienne peut seul le fixer : il faut en fait duper l'esprit. La conservation de la ressemblance dans la tête réduite étant de grande importance, le sorcier modèle avec ses doigts les traits du décapité. L'esprit prisonnier dans une enveloppe de peau diminuée, désarmé sans sa cuirasse osseuse, s'enfuira, définitivement terrorisé par les menaces du sorcier, les battements des tambours, les cris et les injures des guerriers qui brandissent des lances. Après cette cérémonie d'exorcisme, la tête réduite, vidée de son contenu, est abandonnée. Elle a perdu toute signification, et donc tout intérêt. »

Quoique moins connues et beaucoup plus rares dans les musées d'ethnographie que les têtes réduites des Jivaro, les têtes préparées des Munduruku ne sont pas moins intéressantes. Parées de beaux ornements en plumes multicolores, elles se présentent le plus souvent dans un état de conservation admirable et conservent les traits et les caractères du vivant avec une fidélité extraordinaire. Les yeux sont artificiels : les orbites ont été remplies de résine ou de cire noire qui forme des masses fortement convexes, à la surface desquelles sont fixées transversalement des incisives de rongeur, de façon à imiter les paupières à moitié fermées. La bouche entrouverte laisse voir des maxillaires privés de dents, d'où sort parfois la corde de suspension en coton tressé. La peau est brune, plus ou moins claire, et l'on peut retrouver, comme sur certaines momies du Pérou, les fins tatouages qui ornaient les joues du vivant. La chevelure, toujours d'un beau noir brillant, peut être longue et pendre librement ou, au contraire, présenter des particularités ethniques spéciales : partie avant de la tête rasée de près, avec une touffe au centre ou cheveux taillés en couronne tout autour de la tête. Les oreilles portent des ornements de coton richement décorés de pendentifs en plumes jaunes, rouges et noires. La partie inférieure de la tête présente une surface parfaitement lisse avec, au centre, une ouverture circulaire ou ovale.

Ces têtes sont préparées de la façon suivante : aussitôt après la mort de l'individu, la tête, maintenue par la chevelure, est coupée avec la plus grande habileté au moyen d'un couteau de bambou. Les parties molles, cerveau, langue, yeux, sont enlevées et la tête est exposée à l'action d'un feu doux. Elle est ensuite lavée plusieurs fois à l'eau, imprégnée d'huile d'*urucu* et exposée aux rayons du soleil jusqu'à ce qu'elle soit parfaitement sèche.

Les Munduruku qui habitent la région du Tapajos, au sud de l'Amazone, conservent non seulement les têtes de leurs ennemis tués au combat, mais aussi celles de leurs parents. Il y a là un rapprochement intéressant à faire avec la conservation des têtes des ancêtres de certains peuples indigènes de l'Océanie. Cependant, il semble que les têtes préparées des Munduruku ne gardent leurs caractères sacrés que pendant quatre ans, au bout desquels, à la suite d'une cérémonie spéciale, elles sont abandonnées par leur propriétaire. Du reste, comme rite funéraire, les Munduruku coupent également un bras ou une jambe des guerriers de la tribu qui meurent loin du village. Comme la tête, ces parties du corps remplacent le corps tout entier qui ne peut être transporté jusqu'au lieu habituel de sépulture. Elles sont desséchées simplement au feu et conservées par l'action de la fumée.

NOUVELLE-ZÉLANDE

Si les Maori ne pratiquaient pas habituellement l'embaumement des corps, ils étaient des spécialistes de la préparation des têtes, admirablement tatouées, de leurs semblables. Au cours des guerres, c'était un acte de bravoure que de récupérer ou d'arracher à l'ennemi les têtes des chefs tués. Ces têtes étaient rapportées en grande pompe au village où elles subissaient le traitement suivant : elles étaient soumises à l'action de la fumée après avoir été vidées de la masse cérébrale, et offrant une couleur brun foncé relevée par des tatouages pratiqués *in vivo,* d'une beauté extraordinaire et d'une exceptionnelle symétrie. Elles restaient la propriété des parents et étaient conservées dans la maison ou sur des poteaux funéraires avec la plus grande vénération. On cherchait aussi à s'emparer de la tête des ennemis mais celles-ci, après avoir été exposées sur des piquets alignés et injuriées, étaient jetées aux chiens.

Dans la partie ouest de la Nouvelle-Guinée (région du lac Murray), la peau du cou et de la face est délicatement disséquée, et remise en place sur le massif osseux crânio-facial reposant sur une couche de fibres végétales et d'argile. La tête, très modifiée, est peinte en ocre jaune, en blanc, en rouge; un anneau est passé dans le septum du nez afin d'en assurer la suspension; les oreilles sont parfois ornées d'anneaux, et des cailloux sont introduits dans la boîte crânienne (crânes calebasses).

Les indigènes Marind Anim, de la côte Sud, procèdent de façon sensiblement analogue, et recouvrent la chevelure d'une perruque très fournie faite de lanières de feuilles de palmier tressées.

A ces têtes trophées, se rattachent les crânes africains du Sud-Nigeria et du Nord-Cameroun (Cross River), qui, après avoir été complètement écorchés et décarnifiés, sont munis d'une prothèse nasale en bois, et recouverts de peau d'antilope tannée, et modelée sur le massif osseux crânio-facial. A la place des globes oculaires, qui ont été extraits, sont mis en place des coquillages (cauris).

VIII

CRANES SURMODELÉS

La coutume de conserver le crâne osseux facial
et cérébral résulte d'un culte qui a été observé chez
les archanthropiens du paléolithique inférieur
(— 200000 à — 100000) et chez les paléanthropiens
du paléolithique moyen (— 100000 à — 53000). Elle
fut conservée au mésolithique (— 10000 à — 6000)
et au néolithique (— 7000 ou — 4000), où l'on voit
apparaître le surmodelage en plâtre (env. — 6000
avant J.-C., Jéricho II). Ces coutumes résultaient soit
d'un cannibalisme rituel ou alimentaire évident
(calcination ou agrandissement du trou occipital pour
extraire le cerveau et le cervelet, comme le firent les
archanthropiens de Chou Kou-tien près de Pékin, de
Tontavel près de Perpignan, les paléanthropiens de
Saccopastore près de Rome, du Djebel Irhoud au
Maroc, de Ngandong à Java), soit d'une exposition
rituelle (Monte Circello ou Circeo près de Terracine
en Italie).

La conservation du crâne ou de la tête s'est
maintenue de la protohistoire jusqu'à nos jours, et si
les techniques de préparation et de conservation des
pièces anatomiques s'est modifiée au cours des siècles
comme les ont décrites Hérodote, Diodore de Sicile,

Strabon, et si la civilisation de Jéricho II surmodelait le massif osseux crânio-facial avec du gypse, il est stupéfiant de penser que l'on a connaissance des crânes trophées des chasseurs de têtes de Bornéo et de Nouvelle-Guinée, et de l'existence pratiquement contemporaine de crânes surmodelés des Mélanésiens, selon une technique qui rappelle étrangement celle qui fut utilisée à Jéricho II vers 6000 avant J.-C., c'est-à-dire à une époque où la poterie n'avait pas encore été découverte.

Nous avons délibérément écarté tout ce qui se rapporte au culte du crâne osseux proprement dit pour n'envisager que les têtes trophées et les crânes recouverts de peau humaine ou animale puis surmodelés, c'est-à-dire tout ce qui implique une conservation des tissus cutanés (face et cuir chevelu).

Le culte des crânes et des têtes, l'Océanie l'a exprimé avec une grande diversité. Très préoccupés par leurs ancêtres, les Polynésiens s'efforçaient de préserver l'apparence humaine de leurs morts. C'est ce que cherchait à obtenir la technique des crânes surmodelés. Les plus beaux exemplaires proviennent de la Nouvelle-Guinée ou des Nouvelles-Hébrides.

On a opposé, du point de vue de l'histoire de l'art, l'art nègre et l'art océanien. Avec celui-ci commença en effet la couleur. « Maintes figures océaniennes, dit Malraux dans *La Tête d'obsidienne,* sont coloriées, celles de la Nouvelle-Bretagne entre toutes. Mais les Nouvelles-Hébrides, j'avais raison de le signaler à Chagall, connaissent réellement la couleur pour leurs momies, leurs crânes surmoulés, leurs marionnettes, leurs ancêtres de fougère, leurs casques d'initiation habillés de toiles d'araignées. Bleu Chardin, vermillon et blanc, noir, jaune et orange, palette tricolore avec quelque triangle saumon, toute une peinture de drapeaux qui ne dépasserait pas le coloriage, sans la profondeur d'outremers aussi riches que ceux des vitraux de Chartres, sans le tambour des couleurs auprès duquel nos toiles les plus violentes prennent des airs de Caravage. L'éventail de la liberté s'est ouvert jusqu'aux pinces des crabes et aux trompes des papillons (...). Nous éprouvons un sentiment aussi fort devant des œuvres créées par des artistes pour lesquels l'idée d'art n'existait pas, que devant les plus éclatantes des œuvres entreprises pour devenir des œuvres d'art. »

Les crânes surmodelés proviennent soit de crânes secs, décorés, gravés ou non, soit de crânes ayant encore conservé les téguments cutanés desséchés, soit des hémicrânes résultant d'une section verticale médiane, supéro-inférieure, séparant le massif fronto-facio-mandibulaire du massif crânio-occipital.

Ces crânes faisaient l'objet d'un traitement particulier qui avait pour objet de reconstituer autant que faire se pouvait la physionomie du défunt.

Les différentes ethnies, qui pratiquèrent le surmodelage crânien, utilisèrent une pâte malléable faite d'argile, de sucs végétaux, de fibres végétales.

Certes si l'on a découvert à Tell Ramad (Syrie) (7000 av. J.-C.), à Jéricho (7800 av. J.-C.), des crânes surmodelés datant du néolithique, protohistorique, vers 6500 av. J.-C., ainsi qu'au nord du Chili, vers 100 av.-vers 100 ap. J.-C., ceux-ci sont principalement abondants en Océanie, notamment en Nouvelle-Guinée.

Ce sont les crânes surmodelés de la région du fleuve Sepik qui sont les plus significatifs. L'artiste qui l'a fait a cherché à reconstituer la physionomie du mort. Les globes oculaires ont été retirés, et des coquillages (cauris) furent mis à leur place; parfois était placée une rondelle métallique ou de nacre. La chevelure, qui était celle du mort, a été implantée dans l'argile.

Le visage reconstitué est peint de bandes bleues, blanches, ocres, rouges ou noires épousant les courbes naturelles du visage.

Parfois des cauris étaient implantés dans le masque argileux facial, tandis que de volumineuses canines de cochon sauvage, symbole de la puissance, étaient introduites entre les lèvres.

Si les crânes surmodelés sont relativement abondants dans la région du moyen Sepik, ils deviennent plus rares dans le sud de la Nouvelle-Guinée (golfe de Papouasie). Ils sont retrouvés aux Nouvelles-Hébrides, notamment au sud de l'île Malekula, où la chevelure est remplacée par une résille faite de toiles d'araignée; en Nouvelle-Irlande, où l'on ne recherche plus à reconstituer la physionomie du mort.

Les crânes surmodelés de Nouvelle-Bretagne sont réalisés par l'hémiface antérieure du massif crâniofacial, scié perpendiculairement; au sommet du front les cheveux sont implantés ou remplacés par de la paille. Il en est de même de la barbe.

Les crânes surmodelés des îles Salomon sont caractéristiques par la couleur noire de l'argile utilisé, associé à de la résine et de la suie, des incrustations de nacre, une réimplantation de la chevelure.

Ceux de l'archipel de l'Amirauté (île Manus) ont un surmodelage fin, peu épais; les crânes présentent un orifice de trépanation pour l'extraction du cerveau.

Certains crânes surmodelés, ou plus généralement secs, sont décorés (Nouvelle-Guinée, îles Salomon, détroit de Torrès, îles Marquises, Bornéo, golfe du Bengale) ou gravés (îles Marquises, île de Pâques,

Bornéo) ou peints (Terre d'Arnhem en Australie).

Parfois des montures de lunettes arrondies faites de coquillages et simplement posées devant les orbites décorent certains crânes secs des îles Salomon, et rappellent celui du musée de Bagdad de la déesse Ashnunak du Tell Asmar (fouilles de 1935-1936), découvert dans la région de Diyala.

Il en est de même des globes oculaires en protrusion, du crâne du roi Abu (?) trouvé dans le même site qui font penser aux yeux d'Horus de certains sarcophages égyptiens, et même celui mis au jour à Mari et conservé au musée de Damas (première moitié du IIIe millénaire).

Certains crânes surmodelés, ou plus généralement secs, offrent également des yeux exorbités et télescopiques recouverts d'un miroir, une rondelle métallique ou de nacre remplace les verres d'optique (sud du Gabon).

ILES SALOMON ET NOUVELLES-HÉBRIDES

Ainsi, la tête du mort est, aux îles Salomon, comme en Nouvelle-Zélande, détachée du corps et desséchée au moyen de la fumée. Aux Nouvelles-Hébrides, on ne conserve que le crâne sur lequel on reconstitue le visage du mort en modelant une matière plastique. Un mannequin est fabriqué à l'image du mort, avec des morceaux de bambou assemblés avec une sorte d'étoupe faite de fibres de coco et de l'argile. Ce mannequin est recouvert de peintures polychromes et, dans le cas de la mort simultanée du père et du fils, ou du mari et de la femme, on fixe sur l'épaule la tête du fils ou de l'épouse. Les crânes-masques sont peints de couleurs vives, en noir et blanc, ou rouge et vert et donnent souvent une expression très vivante du mort. Les corps modelés, par contre, sont assez conventionnels, surtout en ce qui concerne les membres. Tous les soins des artistes vont à la décoration du crâne qui est considéré comme le siège de l'âme.

NOUVELLE-CALÉDONIE

Cependant, contrairement à ce que l'on trouve sur d'autres îles de l'Océanie, en raison précisément de la crainte des indigènes d'être en contact avec un cadavre, la décoration du crâne et la reconstitution du visage du mort par modelage, peinture ou gravure étaient peu répandus en Nouvelle-Calédonie. Lambert a noté que dans les grandes cérémonies, pour appeler les tempêtes, par exemple, les crânes sont peints en noir et couverts d'une coiffure ornée de plumes.

Crânes à mosaïque

Il est impossible de ne pas mentionner les *crânes à mosaïque,* c'est-à-dire les crânes secs recouverts de morceaux de turquoise, d'obsidienne, de jais, de coquillages rouges, datant de l'ère précolombienne. Il apparaît que trois crânes à mosaïque authentiques ont été découverts au Mexique, dont celui que Montezuma II (1503-1520) offrit à Hernan Cortez (British Museum, Londres), et de très belles contrefaçons existent.

En outre, le musée national d'Anthropologie de Mexico possède un masque mortuaire en jade, dont les yeux sont des coquilles, et les pupilles des obsidiennes (crypte du temple aux Inscriptions à Palenque).

Ces crânes à mosaïque évoquent les deux squelettes de Lieou Cheng et de Teou Wan, découverts récemment en Chine, dont tout le corps était recouvert (Man-tch'eng, Hopei) d'un linceul fait de plaques de jade réunies les unes aux autres par des fils d'or. Elles dateraient de l'époque des Han antérieurs (env. 206 av. J.-C. à env. 220 ap. J.-C.).

POSTFACE

Ce livre n'a pas d'autre unité que celle de son sujet. Sous la commune volonté de conserver les corps, apparaissent en effet des motifs très différents : trophées barbares par exemple, ou rites magiques, ou préparation pour l'Au-delà. Bien différents aussi sont les résultats obtenus : quoi de comparable entre le chef-d'œuvre de conservation et d'expression qu'est la momie pharaonique et les pauvres résidus retrouvés, ici ou là, d'hommes sans nom, témoins de vies quotidiennes misérables?

On peut néanmoins déceler parmi les diverses pratiques de momification des traits ethnographiques communs et la tentation est grande d'en former des faisceaux épais en vue de démontrer des contacts, dans un passé lointain, entre les cultures américaines, africaines et océaniennes. Mais au-delà de ces aspects culturels, c'est l'identité de la condition humaine, dans ses aspects primordiaux, qui transparaît au travers de toutes ces momies. Figées dans leur implacable solitude, elles jalonnent la grande voie finale commune, et nous interrogent sur nos options profondes.

Les sociétés archaïques démontrent par leurs rites funéraires une familiarité apaisante avec la mort.

Celle-ci n'est pas « la reine des épouvantables » mais un passage aux nombreuses vicissitudes.

La première d'entre elles est la putréfaction qui commence dès l'instant mortel et modifie les supports de l'âme que sont le corps et le visage. Trois facteurs peuvent ralentir cette décomposition : la chaleur sèche, le froid intense et l'adipocire. La chaleur sèche prolongée aboutit à une relative conservation. Elle doit être supérieure à 30° C et un degré hygrométrique voisin de 0. Ces conditions sont réalisées pendant plusieurs mois de l'année, en région saharienne par exemple, où la découverte de sujets morts de soif est fréquente en fin de saison chaude. Leur intégrité est rare du fait de l'action de la petite faune du désert. Les viscères desséchés, rétractés et durcis ont un aspect d'étoupe. L'inhumation dans de tels sols (en saison chaude et à condition qu'elle soit peu profonde) ne peut que concourir à la conservation. Chaleur et sécheresse ont été les facteurs essentiels de réussite des momifications égyptiennes. De même, au Pérou, des conditions climatiques favorables ont fait que des corps ont pu, là aussi, être conservés pendant des siècles dans des poteries protectrices ou des ballots faits de tapisseries ficelées.

Le froid intense et prolongé réalise lui aussi d'excellentes conservations. Le rapport de Tolmachoff en 1929 sur la dissection d'un mammouth, exhumé après un séjour de milliers d'années dans le sol gelé de Sibérie, fait état d'une conservation parfaite. Un froid à — 40° permet une conservation quasi indéfinie. Aussi les « cryonist » du professeur Ettinger (U.S.A.) se font-ils enfermer après leur mort, dans des *containers* d'azote liquide (— 176° C) à fin de réanimation future...

L'adipocire constitue un facteur moins commun de

conservation du corps humain. Il s'agit d'une hydro-
lyse et d'une saponification *post-mortem* de la graisse
du cadavre dans certaines conditions d'humidité. Les
tourbières favorisent ce processus chimique.

Mais hors ces conditions, rarement réalisées,
l'homme retourne au limon de la terre après une
phase de putréfaction inévitable. On rapporte que, lors
de la conquête espagnole, les Aztèques, impressionnés
par ces hommes-chevaux qui crachaient du feu, en
tuèrent quelques-uns et les noyèrent pour voir s'ils
verdissaient eux aussi et se gonflaient après la mort...

Rien ne peut arrêter, dans les conditions habituelles, cette évolution de la matière vivante. Bacon
expliquait cette putréfaction comme le résultat de
l'effort des esprits du corps. On a, depuis, décrit
scientifiquement la marche de ce processus inexo-
rable et qui enseigne en retour à l'homme les limites
de son pouvoir. Sans doute est-ce au cours des rites
funéraires qu'ont été acquises les premières connaissances anatomiques et physiologiques et il est émou-
vant de penser que c'est avec le corps, matière même
de l'Inconnu, que l'homme a élevé le premier
monument à l'Inconnu.

Les représentations qu'ont eu de celui-ci les
hommes du passé ont varié de façon incessante à
travers le temps et l'espace, mais il faut souligner
l'atmosphère de profond mystère et l'ambiance quasi
onirique qui se dégagent de la momification chez les
primitifs.

Dans la mentalité primitive, le monde visible n'est
qu'un petit aspect du monde réel. Celui-ci est un vaste
univers où règnent les esprits, esprits des êtres ou
esprits des choses, dans des rapports de force et des
hiérarchies complexes.

Mais si l'esprit peut sortir de l'enveloppe dans

laquelle il se trouve, il peut aussi y être maintenu prisonnier et cela est vrai pour l'esprit du mort à condition que l'enveloppe soit la plus proche possible de celle qu'il a connue de son vivant.

La momification du corps pratiquée au Pérou, par exemple, n'a été que l'effort de maintenir l'esprit dans son corps et de l'empêcher de fuir lors de la décomposition de la chair. Les traits du visage étant altérés les premiers, un masque aussi proche que possible de l'original assurait leur pérennité. Telle est la fonction de masques d'or péruviens, dont certains sont des empreintes parfaites. Des signes divers de reconnaissance plus ou moins artistiques étaient ajoutés pour confirmer l'identité de cette enveloppe nouvelle avec l'enveloppe première.

La tête, trophée des Indiens Jivaro est l'aboutissement d'une démarche similaire : rendre l'esprit prisonnier de son enveloppe, mais ici cette enveloppe est si ridiculement réduite que l'esprit finira par la fuir; l'ennemi aura donc été complètement annihilé.

Dans cette enveloppe corporelle, le crâne, lieu de l'esprit, tient une place prépondérante. Les cultes rendus au crâne sont nombreux. Comment ne pas adhérer à ce symbolisme exemplaire à l'heure où la science fait du cerveau le siège de la personnalité?

La momification égyptienne, elle, est l'aboutissement d'une longue évolution métaphysique et traduit une manière de penser nouvelle : l'homme se dégage de l'étouffante emprise des esprits, et envisage un royaume des morts idyllique. Celui-ci n'est cependant pas ouvert à tous. Un jugement final du dieu Osiris attend tous les hommes, au cours duquel Anubis, dieu-chacal de l'embaumement, vérifie, sur sa balance à fléau, l'exact équilibre du cœur du défunt et du poids de la vérité. Ceux pour qui l'épreuve est défavorable sont la proie d'une bête féroce, « le dévoreur des âmes ». les autres, les plus nombreux, sont ressuscités. Ils restent dans leur tombe pendant le jour mais grâce à leur double, le *Bâ* ailé, ils peuvent retourner sur les lieux où ils ont vécu. Au crépuscule, ils montent sur la barque solaire pour accompagner l'astre du jour dans son voyage souterrain, et à l'aube ils regagnent leur tombe pour se nourrir et se reposer, tout comme les vivants. Cet enthousiasme pour la vie se traduit dans l'art de la momification où apparaît un caractère inconnu jusqu'alors : la persistance de l'expression physionomique et la douceur exceptionnelle donnée au visage qui prend une expression de sommeil et de vie.

Il a fallu des siècles pour que l'homme prenne ainsi conscience de ses propres forces et se libère de ses effrois. Dans la religion égyptienne, la pensée humaine se dégage de sa crainte de la nature et des animaux, et de zoomorphique devient anthropomorphique. mais cette évolution fut longue, et accompagnée d'un polythéisme dissonant. Le culte des dieux mi-hommes mi-bêtes y fut largement répandu et des momifications de certains animaux identifiés à des divinités furent aussi très pratiquées.

Lors de l'effondrement de l'Empire égyptien, cette foi en la vie va disparaître pour faire place à la résignation de la mort. Celle-ci n'est plus considérée comme la suite des plaisirs terrestres, mais comme le terme des épreuves d'ici-bas. Les gisants, les transis, nos quelques momies n'en sont que la représentation attristée et que la thanatopraxie moderne, si elle tente de se justifier, essaie, en vain, d'adoucir.

Telle est, nous semble-t-il, l'idée générale qui se dégage de cet ensemble de créations humaines étranges qu'on appelle les momies.

TABLE

Avant-propos 11

1. Les momies égyptiennes 15
2. Les momies péruviennes et du nouveau
   continent 55
3. Les Xaxos des Guanches et l'Afrique ... 82
4. Les momies d'Océanie................ 86
5. Les momies d'Orient................. 101
6. Les momies d'Europe 117
7. Têtes trophées et têtes réduites 135
8. Crânes surmodelés.................. 147

Postface 154

Remerciements

Nous devons rendre un hommage tout particulier et reconnaissant aux conservateurs de musées et tout spécialement à :

Mme Christiane Desroches-Noblecourt, conservateur en chef du département des Antiquités égyptiennes au musée du Louvre,
M. le directeur du musée de l'Homme,
M. le professeur Gastaut, président de l'université d'Aix-Marseille,
M. le conservateur en chef du British Museum,
M. le conservateur en chef du musée national d'Archéologie de Mexico,
M. le conservateur en chef du Musée ethnographique de Berlin,
M. le conservateur en chef du Linden Museum de Stuttgart,
M. le docteur Gamal Mokhtar, directeur des Antiquités et du Centre de Documentation d'Egyptologie du Caire,
M. le docteur Selim Abd el Kader, directeur général du Musée Egyptien du Caire,
M. Yoshikazu Hasegawa, attaché culturel à l'ambassade du Japon à Paris,
M. Sergio Pitol, attaché culturel à l'ambassade du Mexique à Paris,
M. Le Chanoine, conservateur des Catacombes dei Cappuccini à Palerme,
M. le professeur P. Dervillée, de la faculté de Médecine de Bordeaux,
M. le directeur de la Photothèque du syndicat d'initiative de la ville de Bordeaux,
Mme Odier, chargée de mission au département des Antiquités égyptiennes du musée du Louvre,
Mlle Laplaze, directrice, et Mme Patisson, de la Photothèque du musée de l'Homme,
Mme Ines, du service de documentation photographique de la Réunion des Musées nationaux.

Nous remercions également le service culturel de l'ambassade de Chine populaire.

Notre amitié reconnaissante et toujours fidèle s'adresse d'une façon toute spéciale à notre vieil ami, le docteur Pierre Pizon, qui avait illustré d'une façon si artistique notre ouvrage Les Momies, publié en 1942 aux Editions Prisma et dont il avait suggéré la rédaction.

Imprimé en France
Dépôt légal : 3ᵉ trimestre 1980
Nᵒ d'édition : 1636 — Nᵒ d'impression : 6415